buxs®

feine vegetarische küche

kuchen desserts

Himbeermark in Mascarponeschaum

1.	150	gr.	Mascarpone
	200	gr.	Magerquark
	80	gr.	Sahne
	80	gr.	Milch
	40	gr.	Honig
	1	Msp.	Bourbon-Vanille gemahlen
		—	
2.	200	gr.	Himbeeren
	15	gr.	Mineralwasser — kohlensäurehaltig
	15	gr.	Honig
	1	Msp.	Agar-Agar-Pulver

1. Schritt:
- Die Mascarpone - Zutaten (Mascarpone bis Vanille - alles möglichst kalt) miteinander verrühren und mit einem Schneebesen (Handmixer) schaumig aufschlagen.

2. Schritt:
- Himbeeren mit Mineralwasser sämig pürieren und durch ein Passiersieb (Haarsieb) streichen.
- Mit Honig verrühren und erhitzen. Dabei öfter umrühren.
- Agar-Agar in etwas kaltem Wasser glattrühren und in das inzwischen heiße Himbeermark einrühren.
- Einmal aufkochen lassen, von der Kochstelle nehmen und abkühlen lassen.

3. Schritt:
- Mascarponeschaum und Himbeermark in abwechselnden Schichten in eine Schüssel oder Dessertschale füllen.

25
25
KODAK 5045
25A

Mohndessert mit beschwipsten Kirschen

1.	200	gr.	Milch
	75	gr.	Honig
	50	gr.	Mohn — frisch gemahlen (in eigener Mühle oder im Fachgeschäft)
	25	gr.	Weizenvollkorngrieß
	25	gr.	Sultaninen — heiß gewaschen, 2-4 Stunden eingeweicht und in der Moulinette mit etwas Einweichwasser püriert.
		—	
2.	180	gr.	Sauerkirschen — heiß gewaschen und entsteint
	35	gr.	Sauerkirschsaft
	20	gr.	Honig
	10	gr.	Rotwein
	5	gr.	Weizenstärke
	1	Essl.	Kirschwasser
		—	
3.	40	gr.	Mascarpone
	75	gr.	Magerquark
	75	gr.	kalte Sahne
	15	gr.	kohlesäurehaltiges Mineralwasser

1. Schritt:
- Milch/Honig mischen und erhitzen.
- Mohn und Grieß mischen und klümpchenfrei in die heiße Milch einrühren.
- Aufkochen lassen und unter ständigem Weiterrühren zu einem dicken Brei kochen.
- Danach von der Kochstelle nehmen, mit den Sultaninen vermengen und abkühlen lassen.

2. Schritt:
- Kirschen, Saft, Honig und Rotwein vermischen und erhitzen.
- Weizenstärke mit etwas Wasser glatt anrühren.
- In die heißen Kirschen einrühren und aufkochen lassen.
- Danach von der Kochstelle nehmen und kalt werden lassen.

3. Schritt:
- Mascarpone, Quark, Sahne und Mineralwasser vermengen.
- Mit dem Schneebesen (Handmixer) schaumig aufschlagen und mit der Mohnmasse vermengen.

4. Schritt:
- Mohncreme und Kirschen vermengen oder separat anrichten.

Feiner Sahnequark mit Früchten

1.	200	gr.	Sahne
	200	gr.	Magerquark
	50	gr.	Mineralwasser — kohlensäurehaltig
	50	gr.	Honig
		—	
2.	100	gr.	Bananen — geschält, längsgeviertelt und gewürfelt
	150	gr.	Birnen — geschält, Kerngehäuse entfernt und gewürfelt.
	25	gr.	Mandelstifte in der Pfanne geröstet
	1	Msp.	Bourbon-Vanille

1. Schritt: • Sahne, Quark, Mineralwasser (alles möglichst kalt) und Honig über 15 Minuten mit dem Schneebesen (Handmixer) schlagen, bis die Masse ganz locker ist.

2. Schritt: • Bananen, Birnen, Mandeln und Vanille vorsichtig unter den Sahnequark heben.

Tapiokacreme mit Heidelbeeren

	320	gr.	Milch
	70	gr.	Honig
1.	1/4		Vanilleschote — längsseitig aufgeschlitzt
	50	gr.	Tapioka-Sago — mittelfein gemahlen
		—	
2.	100	gr.	Waldheidelbeeren
		—	
3.	200	gr.	kalte Sahne

1. Schritt:
- Milch mit Honig, Salz und Vanilleschote erhitzen.
- In die warme Milch Tapioka langsam einrieseln lassen. Dabei kräftig umrühren, damit sich keine Klümpchen bilden.
- Unter Weiterrühren zum Kochen bringen und unter Weiterrühren 15 Minuten köcheln lassen.
- Danach von der Herdstelle nehmen und die Vanilleschote entfernen.

2. Schritt:
- Die Hälfte der Heidelbeeren in die noch sehr warme bis heiße Masse unterrühren und mit einem Pürierstab cremig pürieren.
- Danach die andere Hälfte der Heidelbeeren untermischen und abkühlen lassen.

3. Schritt:
- Nach dem Erkalten mit einem Schneebesen glattrühren.
- Sahne steif schlagen und vorsichtig unterheben.

Mangodessert/Papayadessert

1.	100	gr.	Milch
	60	gr.	Honig
	60	gr.	Tapioka-Sago
		—	
2.	300	gr.	Fruchtfleisch von reifen Mangos oder Papayas (Bruttogewicht ca. 500 gr.)
	25	gr.	Limonensaft
	1	Eßl.	Aprikosenschnaps (nur für die Papayacreme)
	1	Msp.	Bourbon-Vanille gemahlen (nur für die Mangocreme)
		—	
3.	125	gr.	kalte Sahne

1. Schritt:
- Milch mit Honig erwärmen.
- Tapioka (langsam einrieseln) klümpchenfrei einrühren und aufkochen.
- Ca. 10 Minuten unter Weiterrühren köcheln lassen.
- Danach von der Herdstelle nehmen und im geschlossenen Topf weiterquellen lassen.

2. Schritt:
- Die Hälfte des Fruchtfleisches mit dem Limonensaft sämig pürieren.
- Papayapüree mit dem Aprikosenschnaps bzw. Mangopüree mit der Vanille unter den warmen Tapiokabrei vermengen.
- Die andere Hälfte des Fruchtfleisches würfeln und ebenfalls vermengen.
- 24 Stunden gekühlt ziehen lassen (wichtig!).

3. Schritt:
- Sahne steif schlagen und vorsichtig unter das Fruchtdessert unterheben.

Dinkelschaum mit Champagner-Pfirsichen

1.	250	gr.	Milch	
	45	gr.	Honig	
	50	gr.	Dinkel — feinst gemahlen	} gut vermischen
	20	gr.	Kartoffelstärke	
		—		
2.	60	gr.	Champagner	
	20	gr.	Honig	
	7	gr.	Kartoffelstärke	
	50	gr.	Mineralwasser — kohlensäurehaltig	
	250	gr.	Pfirsiche (oder Nektarinen) — heiß gewaschen, entsteint und gewürfelt	
	1	Msp.	Zimt	
		—		
3.	100	gr.	kalte Sahne	

1. Schritt:
- Milch und Honig erhitzen.
- Dinkelgemisch mit dem Schneebesen zügig einrühren.
- Zum Kochen bringen und bei reduzierter Hitze unter ständigem Rühren 10 Minuten köcheln lassen.

2. Schritt:
- Champagner und Honig erhitzen.
- Kartoffelstärke und Mineralwasser glatt anrühren, in den heißen Champagner einrühren und unter Weiterrühren aufkochen lassen.
- Pfirsiche und Zimt untermengen, von der Herdstelle nehmen und kalt werden lassen.

3. Schritt:
- Die kalte Dinkelcreme mit einem Schneebesen glattrühren.
- Sahne steif schlagen und vorsichtig unterheben.
- Abwechselnd — lagenweise Dinkelschaum und Champagnerpfirsiche einfüllen.
- Als oberste Schicht Champagnerpfirsiche.
- Mit einem Löffel leicht durchziehen (marmorieren).
- Alternative: anrichten wie links abgebildet.

Quittencreme mit Johannisbeeren

1.	250	gr.	Quitten — heiß gewaschen und in ca. 80 Minuten gegart (Dampfdrucktopf ca. 20 Min.)
	90	gr.	Sahne
		—	
2.	250	gr.	Milch
	125	gr.	Honig
	50	gr.	Dinkelvollkorngrieß
	1	Teel.	Grappa (italienischer Tresterschnaps)
	50	gr.	kalte Sahne
		—	
3.	50	gr.	Johannisbeersaft
	20	gr.	Honig
	6	gr.	Weizenstärke
	200	gr.	Johannisbeeren — gewaschen und gezupft

1. Schritt:
- Von den gegarten Quitten die Haut abziehen und das Kerngehäuse entfernen.
- Fruchtfleisch würfeln, mit Sahne vermengen und mit einem Mixstab oder in der Moulinette sämig pürieren.

2. Schritt:
- Milch und Honig erhitzen.
- Den Grieß klumpenfrei einrühren, aufkochen lassen und unter ständigem Umrühren zu einem dicken Brei kochen.
- Danach von der Kochstelle nehmen, das Quittenpüree und den Grappa untermengen und abkühlen lassen.
- Sahne steif schlagen und in die kalte Masse vorsichtig unterheben.

3. Schritt:
- Johannisbeersaft und Honig erhitzen.
- Weizenstärke mit etwas kaltem Wasser glatt anrühren.
- In den Johannisbeersaft einrühren, die Johannisbeeren dazugeben, einmal aufkochen und danach kalt werden lassen.
- Quittencreme und Johannisbeeren leicht vermengen oder separat anrichten.

Alternative: Von der Creme mit einem Löffel „Nockerl“ formen und wie links abgebildet anrichten.

Aprikosen-Dessert

1.	500	gr.	Aprikosen — heiß gewaschen, entsteint und gewürfelt
	50	gr.	Rohrohrzucker
	1/2	Teel.	Zimt
	25	gr.	Weizen — fein gemahlen
	3	Essl.	Aprikosen- oder sonstiger Obstschnaps
2.	80	gr.	Mascarpone
	120	gr.	kalte Sahne

1. Schritt:

- Aprikosen weich dünsten — dabei mit dem Rohrohrzucker und dem Zimt vermengen.
- Weizenmehl kräftig einrühren, so daß keine Klümpchen entstehen.
- Unter Weiterrühren 3 Minuten köcheln lassen.
- Danach von der Kochstelle nehmen, mit dem Schnaps vermischen und kalt werden lassen.

2. Schritt:

- Mascarpone und Aprikosen vermengen.
- Sahne steif schlagen und vorsichtig unter das Dessert heben.

Zwetschgen-Ingwer-Creme

Die Zutaten und die Zubereitung entsprechen dem obigen Aprikosen-Dessert. Ersetzen Sie lediglich die Aprikosen durch Zwetschgen, den Zimt durch einen 1/2 Teel. frisch geriebenen Ingwer und den Aprikosenschnaps durch Zwetschgenschnaps.

Erdbeer-Schaum

1.	250	gr.	Milch
	80	gr.	Honig
	25	gr.	Dinkel — feinst gemahlen
	15	gr.	Kartoffelstärke
		—	
2.	300	gr.	Erdbeeren — gewaschen und geputzt
			Saft von 1/2 Zitrone
		—	
3.	100	gr.	kalte Sahne

1. Schritt:
- Milch und Honig erhitzen.
- Dinkel und Kartoffelstärke mit etwas Milch glatt anrühren und in die lauwarme Milch einrühren.
- Unter Weiterrühren zum Kochen bringen und (weiterrührend) ca. 5 Minuten köcheln lassen.
- Danach von der Kochstelle nehmen und abkühlen lassen.

2. Schritt:
- Erdbeeren mit Zitronensaft in der Moulinette oder mit einem Mixstab pürieren.
- Unter den warmen Dinkelbrei mischen und kalt stellen.

3. Schritt:
- Sahne steif schlagen und vorsichtig unter das Dessert heben.

Feigen-Creme

1.	250	gr.	Milch
	50	gr.	Kamut — fein gemahlen
		—	
2.	160	gr.	getrocknete Feigen — mit der gleichen Menge Wasser ca. 12 Stunden einweichen
	1	Eßl.	Amaretto (italienischer Mandellikör)
	1	Msp.	Vanille
		—	
3.	180	gr.	kalte Sahne

1. Schritt:
- 160 gr. Milch erhitzen.
- Kamut mit der restlichen Milch anrühren und in die heiße Milch einrühren.
- Aufkochen lassen und unter ständigem Weiterrühren 10 Minuten köcheln lassen.
- Danach von der Kochstelle nehmen.

2. Schritt:
- Von den eingeweichten Feigen die Stielansätze entfernen und mit 50 gr. Einweichwasser, Amaretto und Vanille in der Moulinette oder mit einem Mixstab sämig pürieren.
- Feigenpüree in die noch heiße Kamutmasse einrühren und kalt stellen.

3. Schritt:
- Sahne steif schlagen und vorsichtig in die Feigenmasse unterheben.

Reisschaum mit eingelegten Orangenfilets

1.	75	gr.	Orangenfilets — Zubereitung siehe links
	20	gr.	Contreau (französischer Orangenlikör)
		—	
2.	400	gr.	Milch
	1	Prise	Salz
	50	gr.	Honig
	1	Msp.	Bourbon-Vanille gemahlen
	75	gr.	Vollkornreis — fein gemahlen
			abgeriebene Schale von 1/4 Zitrone
		—	
3.	125	gr.	kalte Sahne

1. Schritt:
- Orangenfilets mit dem Contreau vermengen und zugedeckt 4-5 Stunden im Kühlschrank ziehen lassen.

2. Schritt:
- 2/3 der Milch, Salz, Honig, Vanille und Zitronenschale erhitzen.
- Das Reismehl in der restlichen kalten Milch glatt anrühren und in die heiße Milch einrühren.
- Aufkochen lassen und unter ständigem Weiterrühren 5 Minuten köcheln lassen.
- Danach von der Kochstelle nehmen und kalt werden lassen.

3. Schritt:
- Die kalte Reismasse mit 50 gr. Sahne glattrühren (Schneebesen/Handmixer).
- Die Orangenfilets dritteln und daruntermengen.
- Die restliche Sahne steif schlagen und vorsichtig unterheben oder alternativ anrichten wie links abgebildet.

Carob-Mousse

1.	250	gr.	Sahne
	75	gr.	Milch
	50	gr.	Honig
		—	
2.	45	gr.	Carob
	40	gr.	Weizenstärke
	100	gr.	Milch
		—	
3.	100	gr.	Sahne

1. Schritt:
- Sahne, Milch und Honig erhitzen.

2. Schritt:
- Carob, Weizenstärke und Milch mit einem Mixstab oder in der Moulinette glattrühren.
- Angerührtes Carob in die erhitzte Milch einrühren, unter ständigem Umrühren zum Kochen bringen und so lange köcheln lassen bis die Masse eindickt bzw. stockt.
- Danach von der Kochstelle nehmen und in einem kalten Wasserbad (z. B. im Spülbecken) kaltrühren.
  Ohne dieses Kaltrühren kann es sein, daß die Masse über bestimmte Honig-Reaktionen wieder flüssig wird.

3. Schritt:
- Die erkaltete Carobcreme mit einem Schneebesen glattrühren (nicht schlagen).
- Sahne steif schlagen und vorsichtig in die Masse unterheben.

Maispudding mit gerösteten Mandeln

1.	25	gr.	Polenta (Maisgrieß)
	1	Eßl.	Margarine
	300	gr.	Milch
	25	gr.	Maisstärke
	40	gr.	Honig
	1	Msp.	Bourbon-Vanille, gemahlen
			ein paar Körnchen Salz
		—	
2.	50	gr.	Mandelstifte
	1/2	Teel.	Margarine
	1	Teel.	Honig
	1	Prise	Zimt
		—	
3.	150	gr.	kalte Sahne

1. Schritt:
- Polenta mit Margarine anrösten bis sie nussig duftet.
- 200 gr. Milch mit Honig, Vanille und Salz erhitzen.
- Maisstärke mit restlicher Milch glatt anrühren.
- Stärke und Polenta in die heiße Milch einrühren und aufkochen lassen.
  Dabei kräftig umrühren, damit keine Klümpchen entstehen.
- Danach unter stark reduzierter Hitze 20 Minuten quellen lassen.
- Von der Kochstelle nehmen.

2. Schritt:
- Mandeln mit Margarine, Honig und Zimt hellbraun rösten.
- Mit dem warmen Pudding vermengen und kalt werden lassen.

3. Schritt:
- Sahne steif schlagen und vorsichtig unter den Maispudding unterheben.

Avocado-Limonen-Schaum

1.	150	gr.	Milch
	120	gr.	Honig
	60	gr.	Kamut — fein gemahlen
		—	
2.	1 1/2	Stck.	reife Avocados (das Fruchtfleisch darf noch nicht braun sein)
		Saft	von 3 Limonen
	50	gr.	Milch
		—	
3.	250	gr.	kalte Sahne
	20	gr.	Pistazien

1. Schritt:
- Milch und Honig erhitzen.
- Kamut langsam einrieselnd einrühren (klümpchenfrei).
- Einmal aufkochen lassen und unter Weiterrühren bei reduzierter Hitze 10 Minuten köcheln lassen.
- Danach von der Kochstelle nehmen.

2. Schritt:
- Avocados aus den Schalen heben, sofort mit Limonensaft und Milch vermengen und sämig pürieren (Moulinette oder Mixstab).
- Avocadopüree mit der warmen Kamutmasse vermengen und kalt stellen.

3. Schritt:
- Sahne steif schlagen und vorsichtig unter den Avocado-Schaum heben.
- Zum Anrichten mit gehackten oder ganzen Pistazien bestreuen.

Weizen-Nuß-Creme

1.	150	gr.	Milch
	200	gr.	Wasser
	35	gr.	Birnendicksaft
		abgeriebene Schale einer 1/4 Zitrone (unbehandelt)	
	1	Prise	Meersalz
	50	gr.	Weizen — fein geschrotet
		—	
2.	45	gr.	Datteln — entsteint und in der Moulinette zerkleinert
	25	gr.	Rosinen — heiß gewaschen, 3-4 Stunden eingeweicht und in der Moulinette zerkleinert
	25	gr.	gehackte Haselnüsse — leicht geröstet
	40	gr.	Mandelstifte — leicht geröstet
	1	Prise	Safran
	1	Prise	Koriander gemahlen
	1	Prise	gemahlener Zimt
		—	
3.	150	gr.	kalte Sahne

1. Schritt:
- Die Zutaten von Milch bis Meersalz im Topf erhitzen.
- Weizenschrot einrühren und unter ständigem Weiterrühren 10 Minuten köcheln lassen.
- Danach von der Kochstelle nehmen.

2. Schritt:
- Alle anderen Zutaten von Datteln bis Zimt mit dem warmen Weizenbrei vermengen.
- Kalt werden lassen.

3. Schritt:
- Die Sahne steif schlagen und in die erkaltete Masse vorsichtig unterheben.

Maronen-Dessert

1.	45	gr.	getrocknete Maronen (Eßkastanien)
		—	
	100	gr.	Milch
2.	150	gr.	Sahne
	20	gr.	Weizenstärke
	60	gr.	Honig
		—	
3.	150	gr.	kalte Sahne
	5	gr.	Kakao

1. Schritt:
- Maronen 30 Minuten im Dampfdrucktopf (Wasserstand 5 cm über den Maronen) garen oder auf dem Herd 2 Stunden köcheln lassen.
- Abgießen und abkühlen lassen.
- Durch den Fleischwolf drehen.

2. Schritt:
- Stärke mit etwas Milch anrühren.
- Restliche Milch, Sahne, Honig und angerührte Stärke zum Kochen bringen.
- In das Milch-Sahne-Gemisch die Maronenmasse mit einem Mixer einrühren und abkühlen lassen.

3. Schritt:
- Sahne steif schlagen und vorsichtig unterheben.
- 1/4 der fertigen Menge mit dem Kakao bestäuben und vorsichtig unterheben.
- Beide Massen leicht untereinander ziehen, so daß eine Marmorierung entsteht.

Feine Apfel-Grütze

1.	500	gr.	säuerliche Äpfel (z. B. Boskop) — geschält, Kerngehäuse entfernt und gewürfelt
	150	gr.	Apfelsaft
	25	gr.	Sultaninen — heiß gewaschen
			Saft und abgeriebene Schale von einer unbehandelten Zitrone
	25	gr.	Honig
	2	Eßl.	Grappa (italienischer Tresterschnaps)
		—	
2.	15	gr.	Tapioka gemahlen

1. Schritt:

- Apfelstücke mit dem Apfelsaft, Sultaninen, Zitrone und Honig dünsten, bis sie weich sind, aber nicht zerfallen.
- Früchte abtropfen lassen, mit dem Grappa vermengen und 1 Stunde bedeckt stehen bzw. ziehen lassen.

2. Schritt:

- Abtropfsaft erneut erhitzen, das Tapioka langsam einrieselnd einrühren, aufkochen und unter Weiterrühren 5 Minuten köcheln lassen.
- Mit einem Mixstab glatt pürieren, von der Kochstelle nehmen und abkühlen lassen.
- Früchte mit der warmen Fruchtsauce vermengen und kalt werden lassen.

Beeren-Grütze

100	gr.	Orangensaft
50	gr.	Honig
40	gr.	Tapioka gemahlen
400	gr.	gemischte Beeren (Heidelbeeren, Johannisbeeren, Himbeeren, Brombeeren)

Zubereitung:

- Orangensaft und Honig erhitzen.
- Tapioka in die heiße Flüssigkeit langsam einrieselnd einrühren.
- Zum Kochen bringen, unter Weiterrühren 5 Minuten köcheln lassen und mit einem Mixstab glatt pürieren.
- Die Beeren untermischen, von der Kochstelle nehmen und abkühlen lassen.

Mango-Ananas-Grütze

1.	100	gr.	Birnensaft
	25	gr.	Honig
	15	gr.	Tapioka — gemahlen
		Saft	von 1 Limone
		—	
2.	200	gr.	Mangofruchtfleisch in Würfel geschnitten (Zubereitung von Mangos s. Abb. Seite 12)
	200	gr.	Ananasfruchtfleisch in Würfel geschnitten

1. Schritt:
- Birnensaft, Limonensaft und Honig erhitzen.
- Tapioka in die heiße Flüssigkeit langsam einrieselnd einrühren.
- Zum Kochen bringen, unter Weiterrühren 5 Minuten köcheln lassen und mit einem Mixstab glatt pürieren.

2. Schritt:
- Die Früchte darin vermengen und im geschlossenem Topf 2 Minuten weiterköcheln lassen.
- Danach von der Kochstelle nehmen und abkühlen lassen.

Orangen-Grapefruit-Grütze mit Campari

200	gr.	Orangensaft — möglichst von Blutorangen
50	gr.	Honig
40	gr.	Tapioka — gemahlen
250	gr.	Orangenfilets } Zubereitung siehe Seite 24
50	gr.	Grapefruitfilets }
2	Eßl.	Campari (italienischer Kräuterlikör)

1. Schritt:
- Orangensaft und Honig erhitzen.
- Tapioka in die heiße Flüssigkeit langsam einrieselnd einrühren.
- Zum Kochen bringen und unter Weiterrühren 5 Minuten köcheln lassen.
- Von der Kochstelle nehmen und mit einem Mixstab glatt pürieren.

2. Schritt:
- Die Fruchtfilets halbieren und mit der heißen Fruchtsauce vermengen.
- Mit dem Campari vermischen und abkühlen lassen.

Agar-Agar: getrocknete Gallerte aus Rotalgen. Vegetarisches Geliermittel, das die Gelatine (Knochen- oder Hautauszug von geschlachteten Tieren) ersetzt. Vorzugsweise in Pulverform zu verwenden.

Buchweizen: den Bucheckern ähnliche Frucht des gleichnamigen Knöterichgewächses. Wird zu Mehl vermahlen als Gebäcklockerungsmittel verwendet (Abb. auf Seite 54).

Carob: gemahlene Frucht des Johannisbrotbaumes (ohne Kerne). Sehr zuckerhaltig und mit kakaoähnlichem Geschmack (Abb. auf Seite 26).

Creme fraîche: Saure Sahne mit ca. 30 % Fettgehalt (i. Tr.).

Dinkel: anspruchslose und winterharte Weizenart. Von etwas milderem, weicherem Geschmack als Weizen. Ergibt schöne lockere Teige.

Holunder: die schwarzen (reifen) Beeren des gleichnamigen Strauches. Dürfen nur im gekochten Zustand verzehrt werden.

Kamut: ursprünglich aus Ägypten stammende Weizenart mit sehr hartem Korn von süßlichem Geschmack. Ergibt etwas krümeliges Gebäck.

Limonen/Limetten: dünnschalige Zitronenart. Feinere Säure als die übliche Zitrone.

Mascarpone: leicht gesäuerter Schlagrahm mit ca. 75 % Fettgehalt (i. Tr.).

Rohrohrzucker: getrockneter, unraffinierter Zuckerrohrsaft. Von hell- bis dunkelbrauner Farbe und etwas malzigem Geschmack.

Stärke: energiehaltige Pflanzensubstanz (Kohlenhydrat), die sich „irgendwie" selbst zusammenhält. Dieses „Irgendwie" bewirkt in Speisen durch Erhitzen eine gewisse Verkleisterung des Gesamten.

Verschiedene Stärken haben verschiedene solcher Eigenschaften. Mais und Tapioka tendieren eher zur Erstarrung (Schnittfestigkeit), während Reis, Weizen und Kartoffel eher zur Leimhaftigkeit tendieren. Dieses berücksichtigend sind sie untereinander austauschbar.

Tapioka: geschälte, getrocknete und zu Sago verarbeitete Wurzelknolle der Maniok-Pflanze. Sehr stärkehaltig. In Asien weitverbreitetes Bindemittel für Dessert, Saucen usw. (Abb. auf Seite 10).

Allgemeine Rezepthinweise:

— Die Mengenangaben aller Zutaten sind Nettogewichte, das heißt, es handelt sich um Gewichte von geschälter, entsteinter Ware.
— Alle aufgeführten Zutaten bekommen Sie in der Regel in gut sortierten Naturkost- und Reformhausfachgeschäften.
— Das Autorenteam empfiehlt Lebensmittel aus ökologischem Landbau.
— In den meisten Fällen eignen sich für die Zubereitung der Desserts und Kuchen auch tiefgefrorene Früchte.

Dessertrezept-Hinweise:

— Die Rezepte sind mit 500-700 Gramm für 2-3 Personen berechnet.
— Stärkedesserts sollten, sofern Honig verwendet wird, vor dem Erhitzen gesüßt werden. Wenn sie nachträglich gesüßt werden, neigen sie aufgrund enzymatischer Prozesse zum Dünnwerden.
— Milch und Sahne können durch Soyamilch/Reismilch und Sojayoghurt ersetzt werden. Allerdings verliert sich dadurch etwas der cremig-feine Geschmack.
— Die Cremedesserts können auch als Parfaits (Halbgefrorenes) serviert werden. In diesem Fall füllen Sie das fertige Dessert in eine mit Klarsichtfolie ausgelegte Form und lassen es im Gefrierfach Ihres Kühlschranks „anziehen".
— Einen großen Genuß haben Sie, wenn Sie verschiedene Desserts gleichzeitig zubereiten und anrichten z. B. Carob-Mousse, Sahnequark mit Früchten und Erdbeerschaum.

Kuchenrezept-Hinweise:

— Die Mengen der Zutaten beziehen sich — soweit nicht anders angegeben — auf eine runde Kuchenform mit 28 cm Durchmesser (ca. 0,06 m^2).
— Die angegebenen Backzeiten beziehen sich auf einen vorgeheizten konventionellen Elektroherd mit Ober- und Unterhitze.
Bitte beachten Sie, daß diese Zeiten von Herd zu Herd variieren.
Eine Überprüfung Ihres Kuchens gegen Ende der Backzeit ist deshalb unerläßlich.
— Bezüglich der Einschubhöhe gilt als Faustregel: die Mitte des Kuchens sollte sich in der Mitte des Backofens befinden.

KODAK 5045
3
3A
3

20
EB 100
20
20A

29
29
KODAK 5045
29A
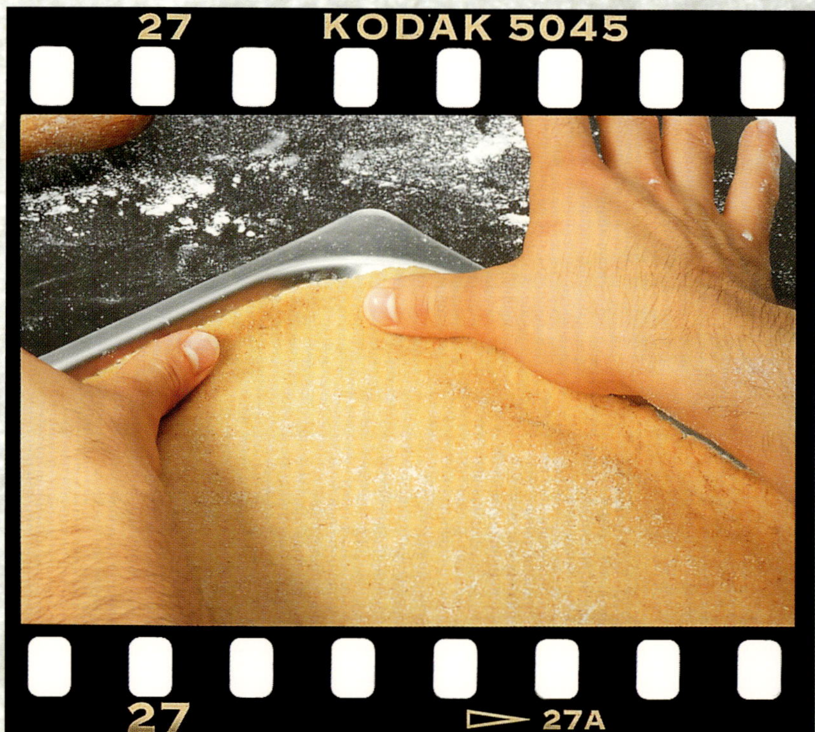
27
KODAK 5045
27
27A

Hefeteig-Grundrezept

110	gr.	lauwarme Milch (nicht heiß)	
35	gr.	weiche Butter	
35	gr.	Honig	
25	gr.	Frischhefe (3/4 Würfel)	
225	gr.	Dinkel — feinst gemahlen	gut vermischen
1	Prise	Meersalz	
	geriebene Schale von 1/2 Zitrone		

etwas Mehl zum Bestäuben

1. Schritt:
- Butter, Honig und Hefe in der warmen Milch auflösen.
- Milch- und Mehlgemisch mit den Knethaken eines Handmixers verkneten. Dabei das Milchgemisch nach und nach dem Mehlgemisch zugeben und kneten, bis sich der Teig vom Schüsselboden löst.
- Teig aus der Schüssel nehmen, mit Mehl bestäuben und auf einer bemehlten Unterlage mit den Händen 2-3 Minuten nachkneten.
- In eine Schüssel geben, mit einem feuchten Tuch bedecken, an einen warmen Ort (23-28° C) stellen und 1 Stunde gehen lassen.

2. Schritt:
- Danach abermals mit den Händen 2-3 Minuten kneten.
- Auf einer bemehlten Unterlage dünn ausrollen.
- Kuchenblech mit Margarine einfetten.
- Hefeteig darauf gleichmäßig auslegen und einen dünnen Rand bilden.
- Bis zum Belegen mit Obst bei Zimmertemperatur noch einmal 15 Minuten gehen lassen.

Wenn Sie ein Ei verwenden, reduziert sich die Milchmenge auf 80 gr!

Apfelkuchen mit Mascarpone

1.	400	gr.	Mascarpone
	50	gr.	Rapadura
		—	
2.	1100	gr.	säuerliche Äpfel - geschält, Kerngehäuse entfernt und in Spalten geteilt
		Saft	von 2 Zitronen - sofort mit den Apfelspalten vermischen
	25	gr.	Mandelblättchen, geröstet

1. Schritt:
- Mascarpone und Rapadura glattrühren.
- 300 gr. auf den ausgerollten Hefeteig (s. Seite 43) streichen.

2. Schritt:
- Äpfel reihenweise auf den Boden setzen.
- Bei 180 °C 20 Minuten backen.

3. Schritt:
- restliche Mascarponemasse auf die heißen Früchte streichen und mit Mandelblättchen bestreuen.

Alternative: Statt Äpfel eignen sich auch sehr gut Nektarinen.

Aprikosen-Kuchen

1.	75	gr.	Mandelgrieß — im Backofen leicht geröstet
	40	gr.	Rohrohrzucker — in der Moulinette fein gemahlen
	40	gr.	Butter
	1/2	Teel.	Zimt
2.	1.500	gr.	Aprikosen — heiß gewaschen, entsteint und in Spalten geteilt
	250	gr.	erwärmte Aprikosenmarmelade — mit etwas heißem Wasser sämig püriert

1. Schritt:
- Butter erwärmen und mit Mandeln, Zucker und Zimt vermengen.
- Mandelgrießgemisch auf den Hefeteigboden (s. Seite 43) verteilen.
- Darauf die Aprikosen reihenweise setzen.
- Bei 185° C 25-35 Minuten backen.

2. Schritt:
- Auf den heißen Kuchen mit einem weichen Pinsel die warme Aprikosenmarmelade auftragen.

Wenn die Früchte nicht ganz reif bzw. süß sind, sollten sie mit 50 gr. Honig und dem Saft einer 1/2 Zitrone vermischt und kurz gedünstet werden.

Mürbteig Grundrezept

250	gr.	Dinkel — fein gemahlen
1	Prise	Meersalz
	abgeriebene Schale von 1/2 unbehandelten Zitrone	
150	gr.	Butterwürfel (gekühlt)
1/2	St.	Ei (kann auch weggelassen werden)
50	gr.	Honig

Margarine zum Ausfetten des Kuchenblechs

1. Schritt:
- Dinkel, Salz und Zitronenschale gut vermischen.
- Mehlgemisch mit Butter, Ei und Honig gut verkneten (Handmixer/Knethaken).
- Danach den Teig im Kühlschrank 1 Stunde ruhen lassen.

2. Schritt:
- Kuchenblech mit Margarine ausfetten.
- Teig darauf auswellen.
- Mit einer Gabel einstechen, damit er beim Backen keine Blasen wirft.
- Vor dem Belegen mit Obst immer bei 180° C 10 Minuten vorbacken.

Apfelkuchen —natur—

2 000	gr.	säuerliche Äpfel — geschält, Kerngehäuse entfernt und geachtelt
1 1/2	Essl.	Butter
	Saft	von 2 Zitronen
1/2	Teel.	Vanille
50	gr.	Honig
25	gr.	Sultaninen — heiß gewaschen
50	gr.	gehackte Mandeln
25	gr.	Butterflocken
25	gr.	Mandelblättchen

1. Schritt:
- Äpfel mit Butter, Zitronensaft, Honig und Vanille vermengt in 1/2 Tasse Wasser halb-weich dünsten.
- Kurz vor dem Garende die Sultaninen beigeben.

2. Schritt:
- Auf dem vorgebackenen Mürbteigboden (s. Seite 47) die Mandeln verteilen.
- Die Äpfel daraufgeben.
- Bei 180 °C 15 Minuten backen.
- Aus dem Ofen nehmen und die Butterflocken und Mandelblättchen darauf verteilen.
- Nochmals bei gleicher Hitze 5 Minuten backen.

Apfelkuchen mit Rahmguß

1.	1 000	gr.	Äpfel - geschält, Kerngehäuse entfernt und geachtelt
	1 1/2	Essl.	Butter
		Saft	von einer Zitrone
2.	500	gr.	Sahne
	75	gr.	Weizenstärke
	65	gr.	Honig
			abgeriebene Schale und Saft von 1 unbehandelten Zitrone
	5	Stck.	Eier HKl. II
3.	1 1/2	Essl.	Aprikosenmarmelade (Aprikosenmark) - mit etwas heißem Wasser sämig püriert

1. Schritt:
- Äpfel mit Butter, Zitronensaft und 1/2 Tasse Wasser halb-weich andünsten.

2. Schritt:
- Die restlichen Zutaten mit dem Pürierstab vermischen.

3. Schritt:
- Die Äpfel abgießen und auf dem Kuchenboden (s. Seite 47) verteilen.
- Den Rahmguß darüber gießen.
- Bei 175°C 40 Minuten und nochmals bei 150°C 30 Minuten backen.
- Am Schluß die Aprikosenmarmelade erwärmen und dünn auf den Kuchen pinseln.

Rhabarberkuchen mit Kokosguß

1.	1 000	gr.	Rhabarber — heiß gewaschen, Fäden abgezogen und in 3 cm lange Stücke geschnitten
	180	gr.	Sahne
	125	gr.	Kokosmilch (erhältlich in asiatischen Geschäften)
	75	gr.	Weizenstärke
	125	gr.	Honig
			abgeriebene Schale von einer ungespritzten Orange
	4	Stck.	Eier HKl. II
	3	Eßl.	Grappa (italienischer Tresterschnaps)
		—	
2.	60	gr.	Kokosraspel
	40	gr.	Rohrohrzucker
		—	
3.	3	Eßl.	Aprikosenmarmelade (Aprikosenmark) — mit etwas heißem Wasser sämig püriert

1. Schritt:
- Sahne, Kokosmilch, Stärke, Honig, Orangenschale, Eier und Grappa mit einem Schneebesen (Handmixer) verquirlen.

2. Schritt:
- Kokosraspel mit dem Rohrohrzucker vermengen und auf dem vorgebackenen Mürbteigboden (s. Seite 47) verteilen.
- Den Rhabarber darübergeben
- Den Rahmguß darüber gießen.
- Bei 180 °C 40 Minuten und nochmals bei 150 °C 30 Minuten backen.

3. Schritt:
- Am Schluß die Aprikosenmarmelade dünn auf dem noch heißen Kuchen aufpinseln.

Zwetschgen-Kuchen

1.	125	gr.	Zwieback-Brösel
	50	gr.	Rohrohrzucker
	1/2	Teel.	Vanille
		—	
2.	1 500	gr.	Zwetschgen — heiß gewaschen, entsteint und halbiert
		—	
3.	2	gr.	Zimt
	12	gr.	Rohrohrzucker

1. Schritt:
- Zwieback, Rapadura und Vanille gut vermischen und auf dem vorgebackenen Mürbteig (s. Seite 47) verteilen.

2. Schritt:
- Darauf die Zwetschgenhälften aufrecht stellen.

3. Schritt:
- Zimt und Rapadura in der Moulinette fein miteinander vermischen und auf die Zwetschgen streuen.
- Bei 185 °C 25 Minuten backen.

Käse-Obst-Kuchen

1.	80	gr.	Butter
	6	Stck.	Eier HKl II
	350	gr.	Magerquark
	250	gr.	Creme fraîche
		geriebene Schale von einer unbehandelten Zitrone	
		Saft	von 1/2 Zitrone
	35	gr.	Weizenstärke
	35	gr.	Weizenmehl 1050er
	125	gr.	Honig
	1/2	Teel.	Vanille

—

2. Wahlweise:

500	gr.	Aprikosen — heiß gewaschen, entsteint und gewürfelt, oder
300	gr.	Heidelbeeren — kalt gewaschen, oder
300	gr.	Johannisbeeren — kalt gewaschen, oder
250	gr.	Sultaninen — heiß gewaschen und eingeweicht

Zubereitung:

- Butter leicht erwärmen und schaumig rühren.
- Eidotter nach und nach dazugeben und dabei weiterrühren.
- Quark, Creme fraîche, Zitronenschale, Zitronensaft, Mehl, Vanille, Stärke, 3/4 des Honigs und schaumiges Buttergemisch bei geringer Drehzahl der Küchenmaschine verrühren.
- Die Früchte unterheben.
- In extra Gefäß Eiweiß zu schnittfestem Eischnee schlagen, dabei den restlichen Honig dazugeben und weiterschlagen.
- Quarkmischung und Eischnee vorsichtig unterrühren.
- Auf den Mürbteigboden (s. Seite 47) geben.
- Bei 145° C 80 Minuten backen.

Biskuit-Kuchenboden-Grundrezept

1.	5	Stck.	gekühlte Eier HKl. II
	5	Eßl.	heißes Wasser
	35	gr.	Honig
		—	
2.	1	Prise	Salz
	30	gr.	Honig
		—	
3.	30	gr.	Dinkel — fein gemahlen
	15	gr.	Buchweizen — fein gemahlen
	15	gr.	Kamut — fein gemahlen
	30	gr.	Kartoffelstärke
			geriebene Schale von einer unbehandelten Zitrone
	1/2	Teel.	Bourbon-Vanille gemahlen

(Zutaten unter 3.: gut vermischen)

1. Schritt:
- Eigelb und Eiweiß trennen.
- Eigelb mit langsam zugegebenem, heißem Wasser schaumig rühren.
- 35 gr. Honig dazugeben und weiterrühren.

2. Schritt:
- Im extra Gefäß das gekühlte Eiweiß mit ein paar Salzkörnchen zu steifem, schnittfestem Schnee schlagen.
- 30 gr. Honig dazugeben und weiterschlagen.

3. Schritt:
- Im Rührgefäß schichtweise schaumiges Eigelb, Mehlgemisch, Eischnee, Mehlgemisch, Eischnee, Mehlgemisch auffüllen und mit einem groben Schneebesen oder mit der Hand sanft unterheben.

4. Schritt:
- Auf gefettetes Blech (Rand nicht einfetten) aufstreichen. Der Rand wird nicht eingefettet, damit der Teig am Rand „anklebt“ und nicht nach innen schrumpfen kann.
- Bei 185° C Ober- und Unterhitze 19 Minuten backen.

Vier Variationen von Biskuit-Kuchenböden

Die nachfolgenden Variationen basieren allesamt auf dem vorhergehenden Biskuit-Grundrezept auf Seite 55. Die unten aufgeführten Zutaten werden lediglich wie beschrieben zugemischt.

Mandel-Biskuit

20	gr.	Mandelgrieß — mit dem Mehlgemisch vermengen.
3	Eßl.	Amaretto (italienischer Mandellikör) — mit dem schaumigen Eigelb vermengen.

Schoko-Biskuit

15	gr.	Schokopulver oder Kakao
25	gr.	Zartbitterschokolade — geraspelt
1	Teel.	Getreide- oder Bohnenkaffee — Instantpulver
1	Teel.	Weinsteinbackpulver

- Alle Zutaten mit dem Mehlgemisch vermengen

Orangenbiskuit

Geriebene Schale von einer unbehandelten Orange — mit dem Mehlgemisch vermengen.

3	Eßl.	heißer Orangensaft — statt dem heißen Wasser verwenden.
1	Eßl.	Contreau (französischer Orangenlikör) — mit dem schaumigen Eigelb vermengen.

Haselnuß-Biskuit

30	gr.	feingehackte Haselnüsse — mit dem Mehlgemisch vermengen.

Obsttorten auf Biskuit
— Grundrezept —

Zubereitung der Tortencreme

1.	500	gr.	Milch
	150	gr.	Honig
	1	Prise	Salz
	1/4	Teel.	Bourbon-Vanille
	40	gr.	Weizenmehl 1050er
	60	gr.	Maisstärke
	60	gr.	Amaretto (italienischer Mandellikör)
		—	
2.	125	gr.	kalte Sahne

1. Schritt:
- Milch, Sahne, Honig, Salz und Vanille erhitzen.
- Mehl und Stärke mit etwas kaltem Wasser glatt anrühren und in die heiße Milch einrühren.
- Unter Rühren zum Kochen bringen, mit reduzierter Hitze und unter Weiterrühren 8 Minuten köcheln lassen.
- Danach von der Kochstelle nehmen, den Amaretto einrühren und abkühlen lassen.

2. Schritt:
- Die kalte Creme mit einem Schneebesen geschmeidig rühren
- Sahne steif schlagen und vorsichtig unterheben.
- Bis zur Weiterverarbeitung kalt stellen.

Zubereitung des Tortenguß

10	gr.	Agar-Agar
300	gr.	Birnensaft — für einen roten Guß die Hälfte des Birnensaftes durch Johannisbeersaft ersetzen
	Saft	von einer 1/2 Zitrone
75	gr.	Honig

Zubereitung:
- Agar-Agar mit etwas Birnensaft glatt anrühren.
- Restliche Säfte inkl. Zitronensaft mit Honig erhitzen.
- Agar-Agar einrühren.
- Aufkochen lassen und von der Herdstelle nehmen.
- Im warmen Zustand auf dem Obst verteilen.

Die zwei nachfolgenden Obsttorten basieren auf den vorhergehenden Biskuittorten-Grundrezepten auf Seite 55—59. Im Folgenden werden die Zutaten und die Zubereitung verschiedener **Obstbeläge** beschrieben.

Birnentorte auf Schokobiskuit

1 500	gr.	weichkochende Birnen — geschält, Kerngehäuse entfernt und in mundgerechte Stücke gewürfelt
2	Eßl.	Butter
	Saft	von einer Zitrone
40	gr.	Honig
1/2	Teel.	Bourbon-Vanille
100	gr.	Birnensaft

Zubereitung:

- Birnen mit Butter, Zitronensaft, Honig und Vanille weich dünsten, ohne daß sie zerfallen.
- Birnensaft mit einem Pinsel auf dem Biskuitboden verteilen.
- Darauf zuerst die Tortencreme (s. Seite 59) und dann die Früchte verteilen.
- Am Schluß einen hellen Tortenguß (s. Seite 59) darübergeben.

Holunder-Apfeltorte auf Haselnußbiskuit

1 000	gr.	Äpfel — geschält, Kerngehäuse entfernt und gestiftelt
200	gr.	Holunder (getrocknet) in 400 gr. Apfelsaft über Nacht eingeweicht Alternativ: 500 gr. frischer Holunder
2	St.	Limonen
150	gr.	Honig
1/2	Teel.	Zimt
1	Msp.	Bourbon-Vanille
40	gr.	Maisstärke
250	gr.	Wasser

Zubereitung:

- Holunder mit restlichem Apfelsaft, Limettensaft, Honig und Gewürzen zum Kochen bringen und unter reduzierter Hitze ca. 30 Minuten köcheln lassen.
- Maisstärke und Wasser glattrühren, in den Holunder einrühren und unter Rühren aufkochen lassen.
- Apfelstifte untermengen, von der Herdstelle nehmen, abkühlen lassen.
- Tortencreme auf dem Biskuit verteilen, darauf die kalte Holundermasse verteilen.
- Die Torte im Kühlschrank bei hoher Kühlstufe 3—4 Stunden durchziehen lassen.
- Kuchenrandform erst kurz vor dem Servieren abnehmen.

Die 2 nachfolgenden Obsttorten basieren auf den vorhergehenden Biskuittorten-Grundrezepten auf Seite 55—59. Im Folgenden werden die Zutaten und die Zubereitung verschiedener **Obstbeläge** beschrieben.

Mango-Ananastorte auf Orangenbiskuit

750	gr.	Ananasfruchtfleisch von reifen Früchten* — geschält, Dornansätze herausgeschnitten, halbiert, harter Innenteil entfernt und gewürfelt
750	gr.	Mangofleisch von reifen Früchten* — gewürfelt (Zubereitung s. S. 10)
	Saft	von 1 Limone
40	gr.	Honig
100	gr.	Orangensaft

Zubereitung:

- Limonensaft erwärmen (nicht erhitzen), den Honig darin auflösen und mit den Früchten vermengen.
- Orangensaft mit einem Pinsel auf dem Biskuitboden verteilen.
- Darauf zuerst die Tortencreme (S. 59) und dann die Früchte verteilen.
- Am Schluß einen hellen Tortenguß (S. 59) darüber geben.

* Wenn die Früchte nicht ganz reif sind, mit dem Limonensaft und dem Honig vermischen und kurz dünsten.

Erdbeertorte auf Mandelbiskuit

1 500	gr.	Erdbeeren — gewaschen, Stielansätze entfernt und halbiert
100	gr.	Birnensaft

Zubereitung:

- Birnensaft mit einem Pinsel auf den Biskuitboden verteilen.
- Darauf die Tortencreme (S. 59) streichen.
- Die Früchte aufrecht und enganeinander stehend auf der Tortencreme verteilen und einen roten Tortenguß (S. 59) darübergeben.

Mandel-Torte auf Mandelbiskuit

1.	12	gr.	Instant-Kaffee (Getreide- oder Bohnenkaffee)
	100	gr.	heißes Wasser
	125	gr.	Amaretto (italienischer Mandellikör)
		—	
2.	250	gr.	Mascarpone
	100	gr.	Honig
	125	gr.	Amaretto
	1	Teel.	Bourbon-Vanille
	600	gr.	kalte Sahne
		—	
3.	1	Eßl.	Kakaopulver

1. Schritt:
- Kaffee in Wasser auflösen, mit Amaretto vermischen und mit einem Pinsel auf dem Biskuit-Boden (S. 55+57) verteilen.

2. Schritt:
- Mascarpone, Honig, Amaretto und Vanille mit dem Handmixer in ca. 10 Sekunden glattrühren (nicht länger!).
- Sahne steif schlagen und langsam unter die Mascarponecreme unterheben.
- Auf dem Biskuitboden verteilen und glattstreichen.
- Die Torte mit einem Deckel versehen und im Kühlschrank bei hoher Kühlstufe 3-4 Stunden durchziehen lassen.
- Kuchenrandform erst kurz vor dem Servieren abnehmen.

3. Schritt:
- Vor dem Anrichten die Torte mit dem Kakao durch ein Sieb bestäuben.

Biskuit-Grundrezept auf Seite 55—57

Mohn-Kirsch-Torte auf Haselnußbiskuit

1.	750	gr.	Sauerkirschen
	250	gr.	Kirschsaft
	90	gr.	Honig
	25	gr.	Kartoffelstärke
	50	gr.	Kirschwasser (klarer Kirschschnaps)
		—	
2.	375	gr.	Milch
	190	gr.	Honig
	1	Msp.	Zimt
	100	gr.	Mohn — frisch gemahlen (in eigener Mühle oder im Fachgeschäft)
	50	gr.	Weizen-Vollkorngrieß
	250	gr.	Mascarpone
	375	gr.	kalte Sahne
		—	
3.	25	gr.	Kirschwasser
	125	gr.	Kirschsaft

1. Schritt:
- Kirschen mit dem Kirschsaft und Honig erhitzen.
- Stärke mit etwas kaltem Wasser glatt anrühren und in das heiße Fruchtgemisch einrühren.
- Aufkochen lassen, 30 Sekunden weiterkochen und danach von der Herdplatte nehmen.
- Kirschwasser in das warme Fruchtkompott unterrühren und zugedeckt kalt werden lassen.

2. Schritt:
- Milch, Honig und Zimt erhitzen.
- Mohn und Grieß in die heiße Milch einrühren, kurz aufkochen lassen und bei reduzierter Hitze unter Weiterrühren 5 Minuten köcheln lassen.
- Danach von der Herdstelle nehmen und kalt werden lassen.
- Mascarpone mit der kalten Mohnmasse in ca. 10 Sekunden glattrühren (Schneebesen/Handmixer).
- Sahne steif schlagen und vorsichtig unter die Mohncreme unterheben.

3. Schritt:
- Kirschwasser und Kirschsaft vermischen und mit einem weichen Pinsel auf den Biskuitboden (S. 55 + 57) aufstreichen.
- Vom Kirschkompott 8 Kirschen für die Dekoration reservieren.
- Das restliche Kompott auf den Biskuit geben.
- Darauf die Mohncreme verteilen und glattstreichen.
- Die reservierten Kirschen obenauf verteilen und die Torte mit Deckel versehen im Kühlschrank bei hoher Kühlstufe 3-4 Stunden durchziehen lassen.
- Kuchenrandform erst kurz vor dem Servieren abnehmen.

Strudelteig — Grundrezept

für eine Kastenform ca. 30 x 10 cm

1.	110	gr.	Dinkel — fein gemahlen
	170	gr.	Dinkelmehl — 1050er
	50	gr.	Distelöl (oder ein anderes, geschmacksneutrales Öl)
	1	Prise	Salz
	110	gr.	warmes Wasser
		—	
2.		Mehl	zum Ausrollen des Teiges
		—	
3.	50	gr.	Butter
	20	gr.	Zwieback — fein zerbröselt oder grob gerieben
	8-10	gr.	Rohrohrzucker
	1/2	Teel.	Bourbon-Vanille
		—	
4.	100	gr.	Butter — leicht erwärmt

1. Schritt:

- Mehl, Öl, Salz und warmes Wasser mit den Knethaken eines Handmixers zu einem glatten, geschmeidigen Teig kneten.
- Zu einer Kugel formen, die Oberfläche mit Öl bestreichen und zugedeckt bei Zimmertemperatur 1 Stunde ruhen lassen.

2. Schritt:

- Ein Geschirrtuch ausbreiten und mit Mehl bestäuben.
- Den Strudelteig daraufgeben, gleichmäßig dünn ausrollen und am Schluß zu einem Rechteck ziehen.

3. Schritt:

- Butter erwärmen und damit den Teig bepinseln.
- Zwieback, Rapadura und Vanille vermischen und auf den gebutterten Teig streuen.
- Strudelfüllung (siehe nachfolgende Rezepte auf Seite 71—73) auf das erste Drittel des Teiges verteilen.
- Den Strudel von der Längsseite her anrollen.
- Dann das Geschirrtuch so anheben, daß sich der Strudel dabei von selbst aufrollt.
- Am Schluß die Teigenden zusammendrücken und mit der Naht nach unten auf eine doppelt gefaltete Alufolie legen.

4. Schritt:

- Oben und seitlich mit erwärmter Butter bepinseln
- Mit der Alufolie in eine Kastenform legen.
- Bei 190° C 25 Minuten backen.

Die nachfolgenden Strudel basieren auf dem vorhergehenden Strudelteig-Grundrezept auf Seite 69. Im Folgenden werden die Zutaten und die Zubereitung verschiedener Strudelfüllungen beschrieben.

Aprikosen-Strudel

— Füllung —

1.	100	gr.	Birnensaft
		Saft	einer 1/2 Zitrone
	20	gr.	Maisstärke
	8	gr.	Agar-Agar
		—	
2.	100-150	gr.	Honig — je nach Süße der Früchte
	350	gr.	Aprikosen — heiß gewaschen, entsteint und in ca. 1 cm dicke Scheiben geschnitten
	1/2	Teel.	Zimt
	20	gr.	Mandelblättchen — in einem Eßl. Margarine hellbraun geröstet

1. Schritt:
- Stärke und Agar-Agar mit dem Birnen- und Zitronensaft glatt anrühren.

2. Schritt:
- Honig erhitzen und unter laufendem Umrühren mit der angerührten Stärke aufkochen lassen.
- Mit den Früchten, Zimt und Mandelstiften vermengen, von der Kochstelle nehmen und abkühlen lassen.

Wenn die Früchte nicht ganz reif sind, im geschlossenen Topf kurz andünsten.

Birnen-Dattel-Strudel

— Füllung —

1.	120	gr.	Datteln — längs halbiert und entkernt
	500	gr.	weichkochende Birnen — geschält, Kerngehäuse entfernt und geachtelt
		Saft	von 2 Zitronen
	30	gr.	Butter
	200	gr.	Saft von roten Johannisbeeren
		—	
2.	5	gr.	Agar-Agar
	25	gr.	Maisstärke

Zubereitung:
- Birnen und Datteln mit Zitronensaft, Butter und Johannisbeersaft erhitzen.
- Agar-Agar und Weizenstärke mit etwas kaltem Wasser glatt anrühren.
- In die heißen Früchte einrühren und aufkochen lassen.
- Danach von der Herdstelle nehmen und abkühlen lassen.

Die nachfolgenden Strudel basieren auf dem vorhergehenden Strudelteig — Grundrezept auf Seite 69. Im Folgenden werden die Zutaten und die Zubereitung verschiedener Strudelfüllungen beschrieben und dargestellt.

Kirsch-Strudel

— Füllung —

1.	160	gr.	Honig
	5	gr.	Agar-Agar
	20	gr.	Maisstärke
		—	
2.	320	gr.	Sauerkirschen — heiß gewaschen und entsteint
	1/4	Teel.	Zimt
	20	gr.	Mandelstifte — in 2 Essl. Margarine hellbraun geröstet.

Zubereitung:

- Honig zum Kochen bringen.
- Agar-Agar und Weizenstärke mit etwas kaltem Wasser glatt anrühren und in den kochenden Honig einrühren.
- Danach von der Herdstelle nehmen und mit den Kirschen, Zimt und Mandeln vermengen und abkühlen lassen.

Heidelbeer-Strudel

— Füllung —

6	gr.	Agar-Agar
15	gr.	Kartoffelstärke
120	gr.	Birnensaft
170	gr.	Honig
400	gr.	Heidelbeeren

Zubereitung:

- Agar-Agar und Stärke mit dem Birnensaft glatt anrühren.
- Die angerührte Stärke mit dem Honig aufkochen lassen, von der Herdstelle nehmen und etwas abkühlen lassen.
- Mit den Heidelbeeren vermischen und kalt werden lassen.

Rührteig-Grundrezept

4	Stck.	Eier HKL. II	
110	gr.	Butter	
75	gr.	Honig	
125	gr.	Dinkel — fein gemahlen	gut vermischen
60	gr.	Kamut — fein gemahlen	
20	gr.	Buchweizen — fein gemahlen	
30	gr.	Haselnüsse — gemahlen	
1 1/2	Teel.	Weinstein — Backpulver	
1	Prise	Salz	
	geriebene Schale von 1 Zitrone		
	Saft	von 1 Zitrone	
2	Eßl.	Grappa (italienischer Tresterschnaps)	
60	gr.	Milch	

Zubereitung:

- Eigelb und Eiweiß trennen.
- Butter erwärmen und 3—5 Minuten schaumig rühren (Handmixer/Schneebesen).
- Unter Weiterrühren das Eigelb und den Honig dazugeben; ca. 5 Minuten weiterrühren.
- In das cremig-schaumige Buttergemisch das Mehlgemisch, Zitrone und Grappa geben und zügig verrühren (nur so lange, bis sich ein homogener Teig bildet, sonst wird der Kuchen beim Backen „speckig").
- Während des Rührens die Milch dazugeben und verrühren.
- Am Schluß Eiweiß steif schlagen (schnittfest) und vorsichtig unter den Teig unterheben.

Die Teige der beiden nachfolgenden Kuchen basieren auf dem vorhergehenden Rührteig-Grundrezept von Seite 75.

Himbeer-Carob-Torte

In das Mehlgemisch des oben genannten Rührteigs werden zusätzlich 50 gr. Carob vermischt. Ansonsten wird der Teig wie auf S. 75 beschrieben zubereitet.

Zutaten
für den Belag:

1	Tasse	Birnensaft
750	gr.	Himbeeren

Roter Tortenguß (Rezept siehe Seite 59)

1. Schritt:
- Den fertigen Teig in eine gefettete Kuchenform füllen.
- Bei 185°C 25 Minuten backen und anschließend abkühlen lassen.

2. Schritt:
- Bodenoberfläche des gebackenen Rührteigbodens mit einer Gabel mehrmals einstechen.
- Birnensaft mit einem Pinsel darauf verteilen.
- Himbeeren darauf setzen.
- Am Schluß den roten Tortenguß darübergeben.

Versunkener Obstkuchen

Zusätzliche Zutaten zum obengenannten Rührteig-Grundrezept:

Wahlweise: 1 250 gr. Pfirsiche — heiß gewaschen, entsteint und gewürfelt
oder: 1 250 gr. Kirschen — heiß gewaschen und entsteint
oder: 1 250 gr. Birnen — geschält, Kerngehäuse entfernt und gewürfelt

1. Schritt:
- Rührteig wie auf der vorhergehenden Seite 75 beschrieben zubereiten.
- Die Hälfte der Früchte in den Teig mengen und in eine ausgefettete Kuchenform geben.
- Die andere Hälfte auf den Teig legen. Die Früchte integrieren sich beim Backen in den aufgehenden Teig.

2. Schritt:
- Bei 180° C 40 Minuten backen und bei 160° C noch einmal 20 Minuten backen.

Rührteig-Grundrezept auf Seite 75

Die zwei nachfolgenden Kuchen basieren ebenfalls auf dem vorhergehenden Rührteig-Grundrezept auf Seite 75. Allerdings bedarf es der 2 1/2 - fachen Menge aller Zutaten. Im Folgenden werden zusätzliche Zutaten und Arbeitsschritte beschrieben.
Diese zusätzlichen Zutaten werden mit dem Rührteig vermengt, **bevor** das Eiweiß untergehoben wird.

Früchtekuchen

- für eine Kastenform ca. 30 x 10 cm -

200	gr.	Sultaninen
50	gr.	Orangeat gewürfelt
50	gr.	Zitronat gewürfelt

Zubereitung:
- Die Zutaten mit dem Rührteig vermengen.
- Eiweiß unterheben.
- In eine gefettete Kuchenform geben.
- Bei 185° C 60 Minuten backen.

Walnuß-Schoko-Guglhupf

— für eine Guglhupfform Ø ca. 20 cm —

1.	140	gr.	Walnüsse
	80	gr.	gehackte Bitterschokolade
	180	gr.	Sultaninen
			geriebene Schale von 2 unbehandelten Zitronen
		—	
2.	150	gr.	geriebene Bitterschokolade oder Kuvertüre für den Guß

1. Schritt:
- Die Zutaten mit dem Rührteig vermengen (bevor das Eiweiß untergehoben wird).
- Eiweiß unterheben.
- In eine gefettete Gugelhupfform geben.
- Bei 185° C 60 Minuten backen.

2. Schritt:
- Nach dem Backen den Kuchen stürzen.
- Schokolade im heißen Wasserbad zum Schmelzen bringen und mit einem Pinsel auf den Gugelhupf streichen.

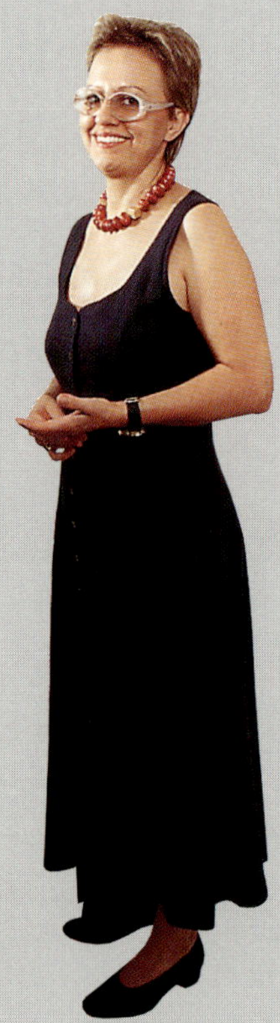

Rezept-Creation: Anna Lander
Restaurant-Cafe- buxs
80469 München

Fotographie, Text, Gestaltung: Siegfried Köpfer
81545 München

Gesamtherstellung: A. Bernecker GmbH & Co.
Druckerei KG
Unter dem Schöneberg 1
34212 Melsungen

verlag anna lander
und siegfried köpfer
Geiselgasteigstr. 110 e
81545 München

ISBN 3-931541-07-X

In der Kochbuch-Reihe

buxs®

feine vegetarische Küche

sind bisher erschienen bzw. erscheinen:

kuchen + desserts	(Nov. 95)
überbackenes	(Jan. 96)
pflanzerl + klößchen	(März 96)
salate, antipasti + dressings	(Mai 96)
gemüsezubereitungen	(Juli 96)
suppen + saucen	(Sep. 96)
pfannengerichte	(Nov. 96)

Das große Adventsbastelbuch

Advent und Weihnachten

Keine Zeit des Jahres steckt so voller Vorfreude wie die Adventszeit. In jeder Wohnung und allen Häusern herrscht geschäftiges Treiben. Es heißt viele Plätzchen zu backen und Türen, Fenster und Räume zu schmücken. Die Familie bastelt gemeinsam den Weihnachtsschmuck und zerbricht sich den Kopf über Geschenke für die Lieben. Weihnachtsgrüße müssen verschickt und Präsente eingepackt werden. Und trotz der vielen Arbeit freuen sich Groß und Klein auf den Tag, an dem die gesamte Familie zusammenkommt und gemeinsam das Weihnachtsfest feiert.
Was aber bedeutet eigentlich Advent und wieso sind es immer vier Adventssonntage? Und woher stammen der Adventskalender und der Brauch den Adventskranz aufzustellen? Dieses und mehr erfahren Sie auf den folgenden Seiten.

Die Adventszeit

Jedes Jahr freuen sich Menschen auf aller Welt auf die Adventszeit. Diese Zeit wird mehr als jede andere mit Vorfreude, Familie und leckeren Naschereien assoziiert. Man denkt an Plätzchen, den Duft von Tannenzweigen und Orangen, dem Singen von Advents- und Weihnachtsliedern, ans Stiefelputzen vor dem Nikolaustag und vieles mehr.

Der Begriff Advent stammt vom lateinischen Wort „adventus" ab, was Ankunft bedeutet. Im christlichen Glauben ist damit die Geburt von Jesus Christus gemeint, der als Erlöser der Menschheit von ihren Sünden auf die Erde kam. Die Adventszeit wird mit dem Tag des heiligen Andreas, dem 30. November oder dem diesem Datum nächstliegenden Sonntag, eingeläutet und dauert ungefähr vier Wochen, bis sie mit dem Sonnenuntergang am Heiligen Abend und dem Beginn der Weihnachtszeit ihren Abschluss findet. Der erste Advent markiert dabei zugleich den Beginn des Kirchenjahres. Die Adventszeit geht zurück auf das 7. Jahrhundert, wobei die Anzahl der gefeierten Adventssonntage zwischen vier und sechs variierte. Erst 1570 legte Papst Pius V. rechtsverbindlich fest, dass die Adventszeit vier Adventssonntage dauert.

Ursprünglich war es üblich, während der Adventszeit zu fasten. So waren der Genuss von Fleisch, öffentliche Vergnügungen und Eheschließungen gänzlich von der Kirche untersagt. Man sollte in dieser Zeit seine Sünden büßen und sich auf den Sinn des Weihnachtsfestes besinnen. Daher wurden den Adventssonntagen auch unterschiedliche Bedeutungen zugewiesen. Der erste Adventssonntag erinnert an den Einzug Jesu in Jerusalem, der zweite Advent hat die erhoffte Wiederkehr des Herrn zum Thema. Der dritte Advent, der im katholischen Kirchenjahr auch als Gaudete bezeichnet wird, was „Freut euch!" bedeutet, erinnert an Johannes, den Täufer. Am vierten und letzten Adventssonntag wird Maria, der Mutter Gottes gehuldigt.

Mit dem schwindenden Einfluss der Kirche wurden die strengen Regeln der Kirche gelockert und das freudige Motiv der Menschwerdung Gottes in Form der Geburt seines Sohnes Jesus gewann zunehmend an Bedeutung.

Heutzutage wandeln sich Advent und Weihnachten immer mehr zu einem weltlichen Fest. So dient die Adventszeit vor allem dem Backen von Plätzchen, dem Dekorieren von Haus und Garten, dem Kauf von Geschenken und der Vorfreude auf Weihnachten.

In der Adventszeit freuen sich Groß und Klein auf den Tag, an dem alle Kerzen am Adventskranz brennen.

Die vier Kerzen am Adventskranz symbolisieren das Licht, das Jesus in die Welt gebracht hat.

Der Adventskranz

Die aus Zweigen von Tannen, Fichten oder anderen Nadelbäumen geflochtenen und mit vier Kerzen geschmückten Kränze sind vor allem ein in Europa verbreiteter Brauch. Der Kranz wird entweder aufgestellt oder aufgehängt und jeden Adventssonntag wird eine weitere Kerze angezündet, so dass an Weihnachten alle Kerzen brennen. Dies symbolisiert das Licht, das Jesus in die Welt gebracht hat oder auch die Zunahme der Freude mit dem Nahen der Ankunft des Messias. Die grünen Zweige, die auch im Winter blühen, symbolisieren die Unvergänglichkeit des Herrn und das ewige Leben.

Die Tradition des Adventskranzes wurde von dem deutschen Erzieher und Theologen Johann Hinrich Wichern Anfang des 19. Jahrhunderts eingeführt. Da er ständig, von den von ihm betreuten Kindern gefragt wurde, wann denn endlich Weihnachten sei, stellte er 1839 einen selbst gemachten Kranz mit neunzehn kleinen Kerzen in Rot für die Tage von Montag bis Samstag und vier großen Kerzen in Weiß für die Adventssonntage auf. Jeden Tag zündete er eine weitere Kerze an und als alle Kerzen brannten, wußten die Kinder: Jetzt ist Weihnachten!

Der Adventskalender

Der Adventskalender ist ein Brauch, der Anfang des 19. Jahrhunderts aufkam und vor allem bei protestantischen Glaubensangehörigen zu finden war. Die damaligen Adventskalender enthielten vor allem Bilder und weihnachtliche Symbole, die den Sinn der Advents- und Weihnachtszeit verdeutlichten. So sollte auf spielerische Weise die geistige Vorbereitung auf die Geburt Christi erleichtert werden. Erst mit der Zeit kamen vermehrt auch Süßigkeiten und Leckereien in die Adventskalender.

Die heutigen Adventskalender gelten für die 24 Tage im Dezember bis Heiligabend. Sie sind in vielen verschiedenen Formen erhältlich. Es gibt zahlreiche fertige Kalender, die mit kleinen Schokoladentäfelchen gefüllt sind und die man im Supermarkt kaufen kann. Individueller jedoch sind selbst gemachte Kalender, die je nach Material und Füllung ganz einfach oder etwas aufwändiger sein können.

Mit vielen Süßigkeiten gefüllt verkürzt ein selbst gebastelter Adventskalender das lange Warten auf Weihnachten.

Weihnachten

Weihnachten ist das christliche Fest, bei dem die Geburt Jesu Christi gefeiert wird. Der erste Weihnachtstag fällt dabei immer auf den 25. Dezember. Der 26. Dezember als zweiter Weihnachtstag gilt zwar auch als Feiertag, wird jedoch in den meisten Familien weniger zelebriert als der erste Weihnachtstag. Nach Ostern ist Weihnachten das wichtigste Fest im Kirchenjahr. Da Weihnachten jedoch immer mehr zu einem auch weltlichen Fest wird, hat es im Allgemeinen für die meisten Menschen eine größere Bedeutung als das Osterfest.

Ob Jesus wirklich an einem 25. Dezember geboren wurde, ist geschichtlich nicht belegt. Tatsächlich wurde dieser Tag von Papst Liberius im Jahre 354 festgelegt. Dies entsprach der üblichen Vorgehensweise der Kirche frühere heidnische Riten mit den eigenen Festen zu vereinen und sie somit zu verdrängen. In diesem Fall ging es dabei um diverse heidnische Feste, bei denen die Wintersonnenwende und die baldige Ankunft des Frühlings gefeiert wurden. Eines davon war das römische Fest der Saturnalien, bei dem Erntegott Saturn Opfer dargebracht wurden, um ihm zu danken.

Im Mittelalter fügte die Kirche den zum Teil übernommenen Bräuchen weitere Elemente hinzu. So wurden die ersten Krippenbilder gestaltet und auch Weihnachtslieder gewannen an Bedeutung. Höhepunkt des Weihnachtsfestes war vor allem das feierliche Essen, das arme und reiche Menschen miteinander einnahmen. Vor allem die Armen genossen diesen Brauch, denn viele litten damals Hunger und Not und bekamen nur selten Fleisch auf den Teller.

Der Brauch Geschenke zu verteilen und einen Weihnachtsbaum aufzustellen kam erst im 19. Jahrhundert auf und hat seinen Ursprung in Europa. Das Bild des Weihnachtsmannes, des Heiligen Nikolaus und des Christkindes kamen hinzu und das Fest wurde zunehmend zu einem ebenso weltlichen wie religiösen Fest. Heute wird Weihnachten zum Anlass genommen, sich mit der ganzen Familie zu versammeln, einander zu beschenken, gemeinsam ein traditionelles Weihnachtsessen einzunehmen und an der Mitternachtsmesse teilzunehmen. Die traditionellen Bräuche unterscheiden sich dabei zum Teil sehr stark von Land zu Land. So wird zum Beispiel in Deutschland bereits an Heiligabend, dem 24. Dezember, Bescherung gefeiert, während beispielsweise die Kinder in Großbritannien erst am Weihnachtsmorgen des ersten Weihnachtstages in den Genuss kommen, die Geschenkpapiere aufzureißen und zu entdecken, mit was sie beschert wurden.

Die Geburt Jesu an Weihnachten wird seit Beginn des 19. Jahrhunderts durch Krippen und Schwibbögen symbolisiert.

Weihnachtsgrüße in aller Welt

Chinesisch	Sing Dan Fae Lok. Gung Hai Fat Choi
Dänisch	Glædelig Jul og godt nytår
Deutsch	Frohe Weihnachten und ein glückliches Neues Jahr
Englisch	Merry Christmas and a Happy New Year
Eskimo	Jutdlime pivdluarit ukiortame pivdluaritlo
Esperanto	Felican Kristnaskon kaj Bonan Novjaron
Finnisch	Hyvää joulua ja onnellista uutta vuotta
Französisch	Joyeux Noël et Bonne Année
Gällisch	Nollaig faoi shéan duit
Griechisch	Kalá Christoúgenna kalí hroniá
Hawaiianisch	Mele Kalikimaka ame Hauoli Makahiki Hou
Isländisch	Gledhileg jól og farsælt komandi ár
Italienisch	Buon Natale e Felice Anno Nuovo
Kroatisch	Sretan Božić i Sretna Nova Godina
Lateinisch	Natale hilare et Annum Faustum
Niederländisch	Vrolijk Kerstfeest en een Gelukkig Nieuw Jaar
Norwegisch	God Jul Og Godt Nytt Aar
Portugiesisch	Feliz Natal e um Prospero Ano Novo
Russisch	S nastupaiushchim Novym godom i s Rozhdestvom Khristovym
Slowakisch	Veselé vianoce a Štastný nový rok
Spanisch	Feliz Navidad y Próspero Año Nuevo
Schwedisch	God Jul Och Ett Gott Nytt Ar
Tschechisch	Veselé vánoce a Štastný nový rok
Ungarisch	Kellemes karácsonyit és boldog új évet

Der erste Advent

Advent, Advent, ein Lichtlein brennt, erst eins ...

Der erste Advent steht vor der Tür, die Vorweihnachtszeit wird eingeläutet und der Countdown beginnt. Nun geht es vor allem darum, das Warten auf das Weihnachtsfest zu versüßen. Welches Mittel ist da geeigneter als ein selbst gebastelteter Adventskalender? Natürlich darf auch ein schön geschmückter Adventskranz nicht fehlen.
In diesem Kapitel finden Sie daher vor allem Ideen für tolle Adventskalender und –kränze, aber auch die ein oder andere Deko-Idee für Haus und Garten.

Leuchtender Tannenbaum

→ der etwas andere Adventskranz

1 Die Baumteile und die Kerzenhaltersterne mithilfe von Pappschablonen auf Sperrholz übertragen. Damit die Stellflächen schön gerade werden, die Schablonen an diesen Stellen an den Rand der Sperrholzplatte legen.

2 Die Motivteile aussägen. Um die Innenfläche am großen Baumteil herauszusägen, ein Loch etwa 1 cm von der Innenlinie entfernt bohren. Das Sägeblatt an einer Seite lösen, durch das Loch stecken und wieder fixieren. Die Innenfläche heraussägen.

3 Die Ränder der Motivteile feilen und schleifen. Die Baumteile, die Kerzenhalter und die Sterne bemalen.

4 Den Baum zusammenleimen. Die Kerzenhalter mit Leim auf den Sternen befestigen, dann auf dem Baum fixieren.

5 Zuletzt das ganze Motiv mit Klarlack überstreichen.

MATERIAL

- Sperrholz, 6 mm stark, 60 cm x 32 cm (Tanne)
- Sperrholz, 4 mm stark, 12 cm x 12 cm (Sterne unter den Kerzenhaltern)
- 4 Holzkerzenhalter, ø 3 cm, 2,4 cm hoch
- Kerzen in Rot, ø 2,5 cm, 7 cm hoch
- Acrylfarbe in Rot und Grün
- Klarlack
- Bohrer, ø 3 mm

VORLAGE SEITE 129

Wie viele Tage sind es noch?

→ Fenster- und Wandbild

1 Zuerst alle Einzelteile fertigen und dann zusammenkleben. Auf den roten Grundkörper zuerst die roten Ärmel fixieren. Darüber das weiße Bartteil kleben.

2 Auf das hautfarbene Gesicht schwarze Augen mit weißen Lichtpunkten und rote Wangen aufmalen. Darüber den Schnurrbart kleben, dessen lose Enden etwas hochgebogen werden. Den Nasenpompon ergänzen und das Gesicht auf das Bartteil kleben.

3 Hinter der Mützenspitze ein Stück Kordel mit einem weißen Bommel befestigen, in den Schal einige Löcher bohren und kurze Bastfäden einknüpfen. Auf die weißen Socken mit rotem Filzstift Streifen aufmalen, die Schuhe daran festkleben und beide hinter die Hose kleben. Die grünen Handschuhe hinter die Ärmel an den braunen Geschenkesack kleben, um diesen vorher das Paketband schnüren.

4 Dem Mäuschen die Gesichtslinien mit Filzstift aufmalen und das rosafarbene Innenohr ankleben. Das fertige Köpfchen auf den roten Schal setzen und dann am Sack fixieren. Das Händchen um die Kante biegen und dahinter kleben. Nun den gelben Filzflicken am Rand mit der Konturenschere ausschneiden und aufkleben.

5 Das Kästchen für die verschiedenfarbigen Datumskärtchen mit den farbigen Ziffern aus einem Stück fertigen. Zuvor den Schriftzug aufbringen. Die Biegekanten an einem Lineal entlang mit einer Nadel leicht anritzen, biegen, über die Falzstreifen zusammenkleben und am Sack fixieren.

Tipp: Für die 24 Tage brauchen Sie 13 Kärtchen. Damit kann jedes Datum zusammengestellt werden. Die benötigten Zahlen sind verkleinert auf der Vorlagenseite abgebildet.

MATERIAL
- Fotokarton in Rot, Weiß und Hellbraun, je A4
- Fotokartonreste in Schwarz, Hautfarbe, Grün, Grau, Blau, Violett und Gelb
- Tonpapierrest in Rosa
- bunte Papierziffern, 2,5 cm hoch
- Filzrest in Gelb
- je 1 Plüschpompon in Rot, ø 1,5 cm, und Weiß, ø 2 cm
- Kordel in Rot, ø 1 mm, 10 cm lang
- Bastfaden in Rot, ca. 20 cm lang
- Paketband in Natur, ø 1 mm, ca. 20 cm lang
- Konturenschere: Zackenrand

VORLAGE SEITE 131

Adventskranz „Santa"

→ Klassiker mit Pep

MATERIAL

- Strohkranz, 5 cm breit, ø 35 cm
- Nikolausmütze, ø 20 cm
- Zeitung (zum Ausstopfen der Mütze)
- Buchs
- Eibe
- Thujazweige
- Dekoband in Weinrot, 4 cm breit, 2,60 m lang
- 4 Kerzendrähte, ø 1,4 mm, 7 cm lang
- 20 Teelichter in Weiß
- 4 Stumpenkerzen in Weinrot, ø 8 cm, 8 cm hoch
- geglühter Bindedraht, ø 0,65 mm

1 Den Bindedraht an dem Strohkranz befestigen, so dass dieser aus der Mitte heraus über das angelegte Grün geführt werden kann.

2 Dann den Kranz wie auf Seite 123 beschrieben binden. Das Drahtende abschneiden und das Ende in den Strohkranz zurückstecken, damit sich das Gebundene nicht wieder lösen kann.

3 Den Kerzendraht über einer Kerze erwärmen und ca. 2 cm tief in die Mitte des Kerzenbodens stecken. Die Kerzen gleichmäßig verteilt in den Kranz stecken.

4 Das Dekoband in vier 65 cm lange Stücke schneiden. Jedes in der Mitte andrahten, das Drahtstück zwischen den Kerzen unten in den Kranz stecken, beide Enden über den Kranz führen und unter dem Kranz mit Heißkleber befestigen.

5 Die Teelichter mit Heißkleber auf dem Band und auf dem Kranz festkleben.

Versteckspiel

→ viel Spaß im Schnee

1 Die beiden Mützenteile und den dreiteiligen Schal auf den Schneemann kleben, den Pompon an die Mützenspitze setzen und das Gesicht aufmalen. Die Kartonnase mit etwas Abstandsband aufsetzen.

2 Die Armlinie mit Filzstift ziehen, die zwei Löcher einstechen und den gebogenen Aludrahtstab durchschieben. Das Schneeteil am Rand leicht hellblau färben, über dem Stab positionieren und fixieren. Darauf das zweiteilige Vögelchen mit den beiden Papierdrahtfüßen festkleben und das Vogelhäuschen an einer dünnen Silberdrahtspirale dazuhängen.

3 Den Knopf auf gelben Faden fädeln, durch das vorher eingestochene Loch fädeln und fixieren.

4 Das Pinguingesicht aufmalen, den Schnabel aufkleben und wie auch den schwarzen Flügel seitlich ankleben.

5 Der Langlaufpinguin hat das gleiche Köpfchen. Zuerst das schwarze Schwänzchen hinter den Körper kleben, einen Flügel aufsetzen, darüber den Schal und davor den zweiten Flügel. Unter den Flügel die Skistöcke aus Papierdraht einschieben und fixieren. Die Beinchen auf zwei Silberschuhe kleben und diese auf den Skiern befestigen.

MATERIAL

- Fotokarton in Weiß, A3
- Fotokartonreste in Helltürkis, Türkis, Hellblau, Blau, Schwarz, Gelb, Violett, Rosa und Silber
- Tonpapierreste in Weiß-Blau kariert und Blau mit weißen Punkten
- Papierdraht in Blau, ø 2 mm, 2 x 5 cm lang (Mützen) und in Gelb, 2 x 14 cm lang (Skistöcke)
- Plüschpompons, 1 x in Weiß, ø 2 cm, und 2 x in Hellblau, ø 1 cm
- runder Knopf, ø 2,2 cm
- Silberdraht, ø 0,35 mm, 20 cm lang
- Aludraht in Silber, ø 2 mm, 30 cm lang

VORLAGE SEITE 128

Ein anderer Adventskranz

→ klassisch

1 Die Schablone für den Adventskranz auf die Sperrholzplatte übertragen. Den Adventskranz aussägen und abschleifen.

2 Die grüne Farbe stark verdünnen (ca. 1:10) und mit einem breiten Pinsel zügig über die Holzfläche verteilen. Den getrockneten Kranz an den Rändern mit unverdünnter grüner Farbe schattieren und mit Küchentüchern die Übergänge verwischen. Den Kranz nach dem Durchtrocknen leicht mit Antikwachs einreiben, damit er einen matten Glanz bekommt.

3 Aus dem Schleifenband eine große Schleife mit Aufhängeband um den Holzkranz binden.

4 Die Päckchen in Seidenpapier oder Goldfolie einpacken, mit Satinband- oder Kordel-Schleifchen verzieren und nummerieren. Die Nummern dabei teilweise auf die Sternchen schreiben.

5 Die Nägel gleichmäßig verteilt und etwas schräg (damit die Pakete nicht verrutschen) in die Kranzfläche einschlagen und die fertigen Geschenkpäckchen anhängen. Die Päckchen mit „Kraftstücken" o. Ä. in Position bringen.

Tipp: Bitte achten Sie darauf, dass Sie die Päckchen mit den Nummern schön gleichmäßig an den Nägeln verteilen, damit nach dem Abnehmen der Päckchen nicht lauter leere Nägel sichtbar werden.

MATERIAL

- Sperrholz, 4 mm stark, 50 cm x 50 cm
- Acrylfarbe in Grün
- Antikwachs
- Seidenpapier in Rot und Grün, Größe nach Bedarf
- dünne Folie in Gold, Größe nach Bedarf
- Satinband in Rot und Grün, 3 mm breit, Länge nach Bedarf
- Kordel in Gold, ø 1 mm, Länge nach Bedarf
- Schleifenband in Rot/Grün/Gold, 4 cm breit, 2 m lang
- Permanentmarker in Gold
- Klebesternchen in Rot und Grün, ø 2 cm
- kleine Nägel, ca. 2 cm lang
- Küchenrolle
- Kraftstücke (= selbstklebende, knetgummiartige Kissen)

VORLAGE SEITE 128

Tischdeckenhügel & Schlange

→ für Verpackungskünstler

MATERIAL TISCHDECKENHÜGEL
- Tischdecke in Rot, mind. 1,20 m x 1,60 m
- 24 Klebesternchen in Silber, ø 2 cm
- Geschenkband in Silber, 5 mm breit
- Permanentmarker in Schwarz
- dünnes Papier zum Ausstopfen

ADVENTSSCHLANGE
- Schal in Rot-Orange, ca. 22 cm breit, ca. 2 m lang
- Mikrowellpappe in Gold, A4
- Seidenpapier in beliebiger Farbe
- Fotokartonrest in Rot
- 24 Klebesternchen in Gold, ø 2 cm
- Permanentmarker in Schwarz
- Geschenkband in Rot, 5 mm breit
- Stecknadeln
- 2 Wattekugeln in Weiß, ø 2 cm
- ggf. 2 Klebepunkte in Schwarz, ø 1 cm

VORLAGE SEITE 128

Tischdeckenhügel

1 Die kleinen, eher runden Geschenke zuerst in dünnes, zerknülltes Papier einwickeln.

2 Die Decke mit der Vorderseite nach unten auf dem Boden ausbreiten und die Päckchen gleichmäßig darauf verteilen. Auf der Vorderseite erst alle Päckchen am Rand mit Geschenkband abbinden, so dass die Päckchen nach unten liegen. Dann mit den restlichen Geschenken in der Mitte genauso verfahren.

3 Die Decke umdrehen. Auf jedes Sternchen eine Zahl schreiben und auf die Stoffkugel kleben. Die niedrigsten Zahlen außen herum, die höchsten in die Mitte kleben.

Adventsschlange

1 Die Geschenke, die rund ausfallen sollten, in dünnes Seidenpapier packen, zu einer Kugel formen und in den Schal wickeln. Die unteren Schalhälften überlappen sich. Mit rotem Geschenkband abbinden.

2 Die Sternchen durchnummerieren und am Schwanz mit der „1" beginnend aufkleben.

3 Den Kopf aus der goldenen Mikrowellpappe ausschneiden und zusammenkleben. Die Zunge aus Fotokarton ins Maul kleben. Auf die Wattekugeln schwarze Pupillen malen oder Klebepunkte verwenden und aufkleben. Die Nasenlöcher aufmalen. Den Kopf unter das letzte Stück Schal schieben und mit Stecknadeln daran befestigen.

Kalenderbaum

→ warten mit dem Weihnachtsmann

MATERIAL

- Friesenbaumset, dreiteilig, 70 cm hoch
- 24 Streichholzschachteln
- Fotokarton in Rot, Grün, Gelb, Violett, Rosa und Blau, je A4
- Fotokartonreste in Weiß, Schwarz, Pink und Hautfarbe
- Tonpapierrest in Hellbraun
- Motivlocher: Stern, ø 2 cm
- Holz-Adventskalenderzahlen mit Miniklammer in Gold, 3 cm
- Satinband in Hellblau, 6 mm breit, 5 m lang

VORLAGE SEITE 129

1 Mantel und Mütze sind ein Teil. Den Bart aufkleben, darüber das bemalte Gesichtsoval. Die beiden Schnurrbartteile aus Tonpapier nur in der Mitte ankleben und beidseitig etwas hochbiegen. Mittig darauf den Nasenpunkt positionieren.

2 Einen Ärmel an der Vorder-, einen an der Rückseite ankleben, dahinter jeweils einen Handschuh. Die Hose von hinten ankleben. Ein Hosenbein etwas einschneiden. Auf die weißen Strümpfe die roten Streifen malen und diese an der Hosenrückseite und auf den schwarzen Schuhen anbringen.

3 Die Mondsichel in eine Hand kleben, das mit schwarzem Filzstift bemalte Bärchen in die andere. Die beiden gemusterten Schalteile ankleben und den Weihnachtsmann mit der eingeschnittenen Hosenbeinlinie auf den Querbalken des Friesenbaums schieben und befestigen.

4 Alle Streichholzschachteln mit einem bunten Karton überkleben und diesen ringsum zurecht schneiden. Ein weiteres andersfarbiges Quadrat aufsetzen und darauf den gelben Stern. Ein Stück Satinband an der Rückseite ankleben und mit den Zahlenklammern am Friesenbaum anbringen.

Tipp: **Da der Weihnachtsmann aus vielen Einzelteilen besteht, nehmen Sie zu ihrer richtigen Positionierung die Vorlage zu Hilfe.**

Advent, Advent, ...

→ jetzt kann die Adventszeit kommen

MATERIAL

- Sperrholzrest, 4 mm stark
- Sperrholz, 1 cm stark, 22 cm x 30 cm
- Leimholz, 1,8 cm stark, 30 cm x 30 cm
- Acrylfarbe in Antikgrün, Zartblau, Terrakotta, Zartrosa, Weiß, Orange und Farblos (für den Kranz)
- 2 Rundholzstäbe, ø 3 mm und 4 mm, je 3 cm lang (Nasen)
- Zahnstocher, 2 cm lang (Nase)
- 4 Rohholzhalbkugeln, ø 3 cm
- Bindedraht, ø 0,35 mm
- Knopf in Grün, ø 1,4 cm
- Plusterstift in Weiß
- 4 Kerzenhalter aus Holz (mit Tülle und Tropfenfänger, ø 2 cm)
- 4 Kerzen in Weiß, ø 2 cm
- Stoffdreieck, 4 cm x 4 cm x 5 cm
- Abaca-Locken in Weiß
- Messingglöckchen, ø 6 mm
- Struktur-Glitterschnee
- Bohrer, ø 2 mm, 3 mm und 4 mm

VORLAGE SEITE 129

1 Die Sterne aus dem dünnen, die Standfläche, die Schneemänner und die Tannen aus dem dicken Sperrholz aussägen. Die Rundholzstücke für die Nasen zuspitzen. Den Kranz aus Leimholz zuschneiden.

2 Alle Sperrholzteile, die Rundholzstücke, das Zahnstocherstück, die Kerzenhalter, den Leimholzkranz und die Rohholzhalbkugeln laut Abbildung anmalen. Alle Innenlinien ergänzen und die Bohrungen für die Nasen ausführen.

3 Allen Schneemännern die Nasen, der Schneemann-Mutter das Tuch und den Knopf aufkleben. Das Schneemann-Kind mit Abaca-Locken und dem Messingglöckchen verzieren. Den Bindedraht vorher durch den Knopf fädeln bzw. um die Abaca-Locken zwirbeln und zum Andrahten des Messingglöckchens benutzen. Dem Schneemann-Vater mit Plusterstift einige Mützenstreifen aufmalen.

4 Die Tannen und die Schneemänner auf der Standfläche befestigen und etwas Struktur-Glitterschnee auftragen.

5 Die Rohholzhalbkugeln als Standfüße von unten an den Kranz kleben, von oben die Sterne und die zusammengesetzten Kerzenhalter fixieren.

6 Die Schneemannfamilie aufkleben.

Adventskranz zum Aufhängen

→ mit Tannen und Elchen

MATERIAL

- Fichtenleimholz, 1,8 cm stark, 30 cm x 30 cm
- Sperrholz, 1 cm stark, 20 cm x 35 cm
- Acrylfarbe in Rot und Grün
- Holzlasur oder Lack in Transparent
- 4 Kerzentüllen profiliert, ø 5 cm, 3 cm hoch
- 4 Holzhalbkugeln, ø 3 cm
- Juteband in Natur, ø 6 mm, 4 m lang
- Karoband in Rot/Grün/Natur, 1 cm breit, 4 m lang
- Bindedraht in Grün, ø 0,35 mm, 40 cm lang
- Schaschlikstäbchen
- Fineliner in Schwarz
- 4 Spitzkerzen in Rot, ø 2,5 cm, 25 cm hoch
- 4 Senkkopfschrauben, ø 3,5 mm, 3,5 cm lang
- Holzbohrer, ø 3 mm

VORLAGE SEITE 130

1 Alle Teile von der Vorlage auf das angegebene Holz übertragen, aussägen, schleifen und die Bohrungen vornehmen.

2 Die naturfarbenen Teile mit der Lasur oder dem Lack grundieren.

3 Das Juteband vierteln. Jedes Band am Anfang verknoten und durch die Bohrungen im Kranz ziehen. Den Kranz in die Waagerechte bringen und die vier Schnüre als Aufhänger zusammenknoten.

4 Die Kerzentüllen und Halbkugeln mit Acrylfarbe bemalen, die Tannenbäume mit verdünnter Acrylfarbe, so dass die Holzmaserung gut sichtbar bleibt. Alle Teile trocknen lassen.

5 Die Kerzentüllen an den markierten Stellen auf den Kranz stellen, die Halbkugeln unter den Kranz legen und die Holzteile mit den Schrauben verbinden.

6 Das Schaschlikstäbchen in Teile von 1 cm teilen. In die Bohrungen der Bäume und Rentiere jeweils ein Stück Schaschlikstäbchen leimen und die Figuren damit in den Bohrungen auf dem Kranz befestigen.

7 Aus dem Karoband vier Schleifen binden und mit Bindedraht am Kranz fixieren.

8 Die Kerzen in die Kerzenhalter stellen.

Schwibbogen

Die zur Weihnachtszeit gerne aufgestellten Schwibbögen finden ihren Ursprung im Erzgebirge und haben eigentlich keine weihnachtliche Symbolik. Ursprünglich stellten sie den Himmelsbogen dar und brachten die Sehnsucht der Bergarbeiter nach Licht zum Ausdruck.

Adventskalender

→ 24 Tage lang Freude

MATERIAL

- Alu-Bastelkarton in Gold, 40 cm x 40 cm (Grundstern und Zahlensternchen)
- Tonpapier in mattem Gold, 20 cm x 20 cm (kleine Sternchen)
- Tonpapier mit Goldsternchen in Rot und Weiß, jeweils 50 cm x 25 cm
- Lurexkordel in Gold, ø 1 mm bis 1,5 mm, ca. 8 m lang
- ca. 40 Klebekissen, 5 mm x 5 mm (um die Sternchen aufzukleben)
- Motivlocher: Stern, ø 1,2 cm

VORLAGE SEITE 130

1 Vom großen Stern und dem Zahlenstern jeweils eine Schablone anfertigen und die Umrisse mit Bleistift auf die matte Seite des Alu-Bastelkartons übertragen. Die Bleistiftlinien werden nur leicht eingedrückt, sind aber gut erkennbar. Der kleine Zahlenstern wird 24-mal benötigt. Die Sterne mit Cutter oder Schere ausschneiden und die Löcher im großen Stern mit der Lochzange ausstanzen.

2 Die vielen kleinen Sterne mit dem Sternlocher ausstanzen. Der Alukarton ist für den Locher zu dick, deshalb besser Tonpapier dafür verwenden.

3 Für die roten und weißen Faltsterne eine Dreiecksschablone mit 14 cm Seitenlänge anfertigen. Den Mittelpunkt M markieren und einstechen. Den Umriss des Dreiecks mit Bleistift auf das Tonpapier übertragen und das Dreieck ausschneiden. Die Schablone auflegen, den Mittelpunkt mit der Vorstechnadel durch die Schablone in das Tonpapierdreieck stechen und die Seitenmitten (Pfeile) auf dem Tonpapier markieren. Die Schablone abnehmen. Eine Ecke des Tonpapierdreiecks an der gestrichelten Linie auf die gegenüberliegende Seite (zum Pfeil) falten. Diese Ecke an der Strichpunktlinie wieder zurückfalten. Die Faltlinie befindet sich knapp vor dem Mittelpunkt, d.h. der Mittelpunkt ist sichtbar. Die Ecke wieder ganz nach außen klappen und mit den beiden anderen Ecken ebenso verfahren. Den Stern im Uhrzeigersinn zusammenfalten, dabei verdeckt bzw. überlappt jede der drei Ecken das Nachbareck auf einer Seite (siehe Abbildung). In den Stern vor dem Zusammenfalten das Geschenk legen. Nun den mit einer Zahl versehenen Goldstern aufkleben und mit der Lochzange ein Aufhängeloch stanzen.

4 Den großen Stern an ca. 40 cm Lurexkordel aufhängen. Durch die ausgestanzten Löcher weitere Kordeln ziehen und an den Enden die Faltsterne anbinden oder ankleben. Auf der freien Fläche des großen Goldsterns die mit dem Sternlocher ausgestanzten Sternchen anordnen und mit Klebekissen fixieren.

Tipp: Dieser Adventskalender eignet sich vor allem für kleine, feine Geschenke wie Münzen, zusammengefaltete Gutscheine, Gedichte oder Geldscheine.

Oh Tannenbaum

→ ich wünsch dir was!

MATERIAL

- Sperrholz, 8 mm stark, 30 cm x 55 cm
- Sperrholz, 4 mm stark, 40 cm x 25 cm
- 12 Holzwäscheklammern, 3,5 cm lang
- Dispersionsfarbe in Grün, Gelb, Rot, Weiß und Schwarz
- Bilderöse

VORLAGE SEITE 131

1 Den Baum aus 8 mm starkem, die Motive aus 4 mm starkem Sperrholz aussägen. Die Kanten abschmirgeln.

2 Gemäß Abbildung bemalen und mit Lackmalstiften verzieren.

3 Die kleinen Motive auf die Wäscheklammern kleben und gemäß Abbildung mit Heißkleber auf dem Baum fixieren. Zum Schluss die Bilderöse hinten an der Spitze des Baumes anbringen und jede Klammer mit zwei Gutscheinen oder guten Wünschen bestücken.

Ersatz-Weihnachtsbaum

Echte Weihnachtsbäume waren früher sehr teuer, deshalb behalfen sich arme Leute mit einem kreativen Ersatz. Sie banden Holzstäbe an der Spitze zusammen und umwickelten sie mit Tannenzweigen. Liebevoll geschmückt mit Kerzen und Baumschmuck erstrahlten sie zum Weihnachtsfest.

Schneemänner

→ für die kalte Jahreszeit

1 Den Muffin mit weißer Zuckermasse überziehen. Aus dem Marzipanrest in Orange nach Vorlage eine Karotte formen und vorsichtig am Muffin festdrücken. Einzelne Kügelchen von der Gelee-Brombeere ablösen und als Augen anbringen.

2 Für den Schneemann mit Hut aus etwa einem Drittel der schwarzen Marzipanmasse zunächst einen Kreis, ø 4 cm, formen. Den Rest zu einem Zylinder, der ungefähr 2,5 cm hoch ist, ausarbeiten und auf den Kreis setzen. Den so entstandenen Hut auf den Muffin setzen und leicht festdrücken.

3 Für den Schneemann mit Haaren mit einem Schaschlikstäbchen vorsichtig Löcher in den Kopf des Schneemanns stechen und die Lakritzschnüre als Haare einstecken. Einen Krepppapierstreifen zuschneiden, die Enden mehrfach fransig einschneiden und das Krepppapier als Schal um den Muffin binden.

Tipp: Dekorieren Sie Ihre Schneemann-Kaffeetafel zusätzlich mit ein paar „Schneebällen", indem Sie einige Muffins einfach mit weißer Zuckermasse überziehen. Auf einer farbigen Tischdecke kommen Ihre Werke besonders schön zur Geltung.

MATERIAL PRO SCHNEEMANN

- Muffin, ø 7 cm
- Zuckermasse in Weiß, 50 g
- Gelee-Brombeere
- Marzipanrest in Orange
- Marzipan in Schwarz, 30 g (nur für Schneemann mit Hut)
- Lakritzschnur, 5 x 3 cm lang (nur für Schneemann mit Haaren)
- Krepppapier in Blau, 3 cm x 30 cm

VORLAGE SEITE 130

Weihnachtskatze

→ einladendes Türschild

MATERIAL

- Fotokarton in Weiß, A3
- Fotokartonreste in Rot, Grün, Grau und Pink
- Transparentpapierrest in Weiß mit Sternen
- 2 Messingglöckchen, ø 2,8 cm
- Wattekugel, ø 1,5 cm
- Plastikhalbperle in Schwarz, ø 6 mm
- Ast, ø ca. 8 mm, 30 cm lang
- Goldliner
- Schnee- oder Plusterstift in Weiß
- Stechpalmenblatt mit Beeren (aus Polyresin), 2 cm lang
- je 2 Holzkugeln in Pink und Hellgrün, ø 1 cm
- Blumendraht in Braun, ø 0,35 mm, 2 x 20 cm und je 1 x 40 cm und 80 cm lang

VORLAGE SEITE 131

1 Zuerst wird der Katzenkörper aus weißem Fotokarton ausgeschnitten: der Körper, der Kopf, die Hände und die Füße. Darauf das Hemd mit dem mit Filzstift gestalteten Saum sowie der Ärmelmanschette kleben. Die Hinterpfoten laut Abbildung fixieren, vorher mit etwas Bleistiftabrieb die Tatzenpunkte aufmalen.

2 Nun den Kopf gestalten: Die Gesichtslinien mit Filzstift und das Fellmuster mit Bleistift aufmalen, die Nase festkleben, mit Lackmalstift den weißen Lichtpunkt setzen und die Zipfelmütze mit dem Wattekugel-Bommel fixieren. Den Rand der Mütze mit rotem Filzstift gestalten. Die Ohren und Wangen mit Buntstiftabrieb röten.

3 Den Schal mit einem mit Buntstift aufgemalten Karomuster versehen. In den Schal einen Schlitz einschneiden und dort den Hals einstecken und festkleben.

4 Das weiße Schild auf grünen Fotokarton kleben und mit einem 2 mm breiten Rand ausschneiden. Die Löcher einstechen und den 40 cm langen Draht kräuseln und anbringen. Auf das Transparentpapier mit Goldliner „Frohes Fest" schreiben und auf das weiße Schild kleben. Darüber die zwei Blätter und die Maus befestigen. Die Mütze der Maus ist mit einem Schneestift dekoriert, als Nase eine schwarze Halbperle aufkleben. Das fertige Schild unter dem Schal fixieren.

5 Die Vorderbeine der Katze hinter den Ast kleben und davor die Pfoten anbringen. Auf die zwei Drahtstücke wie abgebildet die Glöckchen und Perlen auffädeln, den Draht kräuseln und am Ast arrangieren.

Perlentraum

→ funkelt herrlich

1 Den Holzrahmen streichen und die Farbe gut trocknen lassen.

2 Die Perlen anhand der Vorlage aufreihen und jeweils die letzte Perle am Drahtstern festkleben.

3 Die beiden kleinen Sterne mit Schmuckkleber versetzt auf die mittleren Sterne kleben und in der Mitte eine 6 mm große Glasschliffperle fixieren.

4 Den verbliebenen mittleren Stern so biegen, dass seine Strahlen in die Zwischenräume des großen Sterns ragen. Dann aufkleben und eine 6 mm große Perle auf den Mittelpunkt kleben.

5 Die Sterne auf den Holzrahmen kleben, die Kerzen daraufstellen.

Tipp: Wer keinen Bilderrahmen in der entsprechenden Größe hat, kann das Rechteck aus mindestens 1 cm starkem Holz auch selber zusägen. Als Füße schmale Holzleisten verwenden.

MATERIAL

- Holzrahmen, 45 cm x 20 cm (4 cm und 8 cm breiter Rand)
- Acrylfarbe in Bayrisch Blau
- Drahtstern, ø 20 cm
- 3 Drahtsterne, ø 8 cm
- 2 Drahtsterne, ø 5 cm
- Glasstifte in Mittelblau, 2 mm x 2 mm
- Glasschliffperlen in Aquamarin irisierend, ø 6 mm
- je 1 Döschen Brillant-Schliffperlen in Hellsaphir irisierend, ø 4 mm und 6 mm
- Schmuckklebstoff
- 4 Kugelkerzen in Hellblau, ø 5 cm

VORLAGE SEITE 130

Der zweite Advent

Advent, Advent, ein Lichtlein brennt, erst eins, dann zwei ...

Um die Zeit des zweiten Advents wird eifrig weiterdekoriert. Die Fenster werden mit lustigen Bildern geschmückt, dekorative Figuren und Willkommensgrüße werden gesägt, bemalt und im Haus und im Garten aufgestellt.

Dabei liegt der Schwerpunkt noch nicht so stark auf weihnachtlichen Figuren, sondern auf winterlichen Motiven wie Schneemann, Pinguin und Eisbär. Dazu finden Sie im nächsten Kapitel reichlich Anregungen.

Kiefernzapfenleuchter

→ zeitlos schön

MATERIAL

- Kiefernzapfen, ca. 6 cm hoch
- Metallring für Kranz, 4 mm breit, ø 20 cm
- Dekoband in Rot-Weiß kariert, 2 cm breit, 1 m lang
- Satinband in Rot, 4 mm breit, 50 cm lang
- Tannenzweige
- Bindedraht in Grün, ø 1,2 mm, 40 cm lang
- Alubecher von einem Teelicht
- Stumpenkerze in Dunkelrot, ø ca. 4 cm, 5 cm hoch
- wattierter Stoffstern in Gold, ø 4 cm

VORLAGE SEITE 129

1 Einen Teil des karierten Bandes gemäß Abbildung um den Alubecher kleben. Eine einfache Schleife aus demselben Band herstellen und aufkleben. Dabei ca. 40 cm Band für die Kranz-Aufhängung übrig lassen.

2 Aus dem roten Satinband eine einfache Schleife knoten und auf die karierte Schleife kleben. Das Sternchen mit Kraftkleber befestigen.

3 Den Alubecher mit Kraftkleber auf die Unterseite des Kiefernzapfens kleben. Dabei fest und lange andrücken. Die Kerze mit einigen Wachstropfen im Alubecher befestigen.

4 Ein ca. 40 cm langes Drahtstück etwas unterhalb der Mitte um den Zapfen schlingen und die beiden gleichlangen Enden so lange miteinander verdrehen, bis der Draht fest am Zapfen sitzt und ein ca. 3 cm bis 4 cm langer Steg entstanden ist.

5 Die Drahtenden nach dem Steg gemäß Vorlagenskizze rechts und links fest über Kreuz um den Metallring wickeln. Achtung: Der Abstand zwischen Kerzendocht und Kranzring bzw. Wand muss aus Sicherheitsgründen mindestens 7 cm betragen!

6 Die Tannenzweige in ca. 15 cm bis 20 cm lange, schön geformte Stücke schneiden und mit Bindedraht gleichmäßig über den kompletten Drahtkranz verteilt befestigen. Am Schluss eventuelle Unregelmäßigkeiten und Lücken korrigieren, indem zusätzlich einzelne Zweige unter den herumgewickelten Draht gesteckt werden.

7 Für die Aufhängung den Rest des Karobandes (ca. 40 cm) um den Kranz schlingen und am anderen Ende zu einer Aufhängeschlaufe verknoten.

Tipp: Verwenden Sie Kerzen mit Zimt- oder Tannennadelduft. Das verstärkt die Weihnachtsstimmung.

Engelspaar

→ wünscht ein frohes Fest

1 Die Flügel und Füße sind bei beiden Engeln gleich, d. h. es genügt eine Schablone.

2 Die Kleidungsteile, die Krone bzw. Haarbänder mit Metallicpaint verzieren. Das weiße Schild leicht mit Bleistift beschriften und dann die Buchstaben mit Metallicpaint nachziehen.

3 Das Gesicht auf den Kopf malen und Haarteil und Krone bzw. Haarbänder aufkleben.

4 Hals, Flügel und Füße von hinten am Hemd ankleben. Den Kopf leicht schief auf dem Hals befestigen. An beiden Füßen die Zehenteile anbringen.

5 An den orangefarbenen Ärmeln von hinten die Hände fixieren. Die Ärmel am Hemd befestigen und den Stern unter die Hände schieben. Beim anderen Engel zuerst das Schild und dann die Hände anbringen.

MATERIAL

- Fotokartonreste in Hautfarbe, Elfenbein, Orange und Weiß
- Alu-Bastelkartonrest in Gold
- Metallicpaint in Gold

VORLAGE SEITE 132

Zwei gute Freunde

→ etwas aufwändiger

MATERIAL

- Sperrholzrest, 6 mm stark
- Sperrholz, 1 cm stark, 60 cm x 60 cm
- Acrylfarbe in Olivgrün, Weiß, Nougat, Terrakotta (Wangen), Schilf, Hautfarbe, Ultramarinblau und Kürbis (Antik)
- Struktur-Glitterschnee
- 10er-Mini-Lichterkette mit Schalter in Weiß (Innenbereich)
- Textilfilzrest in Grün, 4 mm stark
- 2 Stoffstreifen, 4 cm breit, 22 cm lang
- Bindedraht in Messing, ø 0,8 mm
- 2 Christbaumkugeln in Orange und Rosé, ø 3 cm
- 2 Nägel, ø 1,2 mm, 2 cm lang
- Bohrer, ø 1,5 mm und 1 cm

VORLAGE SEITE 132+133

1 Die Möhre, zusätzlich den Hut und das Mundteil aus dem dünnen, den Elch und Schneemann, beide Arme, die Tannen, die Standfläche und die Unterkonstruktion aus dem dicken Sperrholz aussägen.

2 Alle Teile wie abgebildet anmalen und die Innenlinien ergänzen. Alle Bohrungen ausführen. Beide Arme erhalten im Schulterbereich von vorne und im Handbereich seitliche Bohrlöcher. Für das Einstecken der Lichter die Standfläche mit dem dicken Bohrer durchbohren.

3 Das Paar erhält von vorne das Mundteil, die Möhre und den Hut aufgeklebt. Die Arme annageln und von hinten das Geweih aus Filz anbringen.

4 Die Unterkonstruktion gemäß Vorlage zusammenleimen, trocknen lassen und von unten unter die Standfläche leimen. Die Tannen und die Figuren auf der Standfläche befestigen. Darauf achten, dass sich bei der Unterkonstruktion das Holzteil mit der Aussparung für das Kabel auf der Rückseite befindet.

5 Von unten die Lichter durch die Bohrungen der Standfläche stecken und evtl. etwas fixieren. Evtl. die Bohrungen für die Lichter etwas nachschleifen. Das Kabel zusammenbinden.

6 Die Christbaumkugeln auf ein Stück Messingdraht fädeln, verzwirbeln, das Drahtende locken. Das andere Drahtende durch die seitliche Bohrung des entsprechenden Arms führen und ebenfalls locken.

7 Die Standfläche mit Struktur-Glitterschnee betupfen und den beiden Freunden einen Stoffschal umbinden.

Schneemann mit Teelichtern

→ leuchtend zwischen Tannen

MATERIAL
- Alu-Bastelfolie in Silber, 0,15 mm stark
- Fischkonservenbüchse
- Pinzette
- Dispersionsfarbe in Weiß
- Glanzlack in Zinnoberrot, Weiß, Dunkelgrün und Orange
- feiner Lackmalstift in Schwarz
- Silbersternchen, ø 5 mm

VORLAGE SEITE 133

1 Bei der Konservenbüchse die etwa 5 mm nach innen ragenden Ränder des Abziehdeckels mit der Flachzange nach unten glatt drücken. Dazu evtl. die Ränder mit dem Cutter einschneiden, falls sie breiter sind. Auf die Konservenbüchse mit dem Schwämmchen mehrfach weiße Dispersionsfarbe auftupfen. Dazwischen immer wieder trocknen lassen oder trocken föhnen. Den oberen Rand mit roter Farbe übermalen.

2 Beim Schneemann am Hut die gepunkteten Linien einprägen. Auch an den beiden Teilen für den Schal und an den Tannen die gepunkteten Linien eindrücken.

3 Alle Motivteile beidseitig bemalen. Nun die Motivteile so drehen, dass sich die eingedrückten Linien nach oben wölben. Mit dem Cutter die Farbe von diesen Linien abschaben. In die Tannen mit der Vorstechnadel in unregelmäßiger Anordnung Löcher einstechen. Dem Schneemann das Gesicht aufmalen und Nase sowie Schal, Hutband und Arme ankleben. Auf die Tannen und das Hutband mit der Pinzette mit Klebstoff bestrichene Silbersternchen auflegen. Schneemann und Tannen an die Konservenbüchse kleben.

Tannenbaum-Anhänger

→ mit Sternen verziert

1 Die Vorlagen übertragen und die Motive aussägen.

2 Die Innenfläche und den Umriss aussägen.

3 Die Motive feilen und schleifen. Bei den Tannen mit eingehängtem Stern die Aufhängelöcher bohren und die kleinen Sterne einhängen.

MATERIAL

- Pappelsperrholz, 3 mm stark, 15 cm x 15 cm (pro Tanne mit eingehängtem Stern) oder 15 cm x 20 cm (pro Tanne mit eingeschnittenen Sternen)
- Bohrer, ø 1 mm (Aufhängung) und ø 4 mm
- evtl. Faden in Beige

VORLAGE SEITE 133

Engel & Nikolaus

→ Festtagsgrüße

MATERIAL

ENGEL
- Muffin, ø 7 cm
- Zuckermasse in Hautfarbe, 50 g
- Marzipan in Gelb, 20 g
- Zuckergussrest
- Gelee-Brombeere
- Gummischnur in Rot, 5 cm lang
- 2 Backoblaten, ø 7 cm
- Aludraht, ø 1,8 mm, 20 cm lang
- Krepppapier in Himmelblau, 4 cm x 25 cm
- Knoblauchpresse

NIKOLAUS
- Muffin, ø 7 cm
- Zuckermasse in Hautfarbe, 50 g, und Weiß, 30 g
- Marzipan in Rot, 40 g
- Gelee-Brombeere

VORLAGE SEITE 134

Engel

1 Aus einem kleinen Teil der Zuckermasse in Hautfarbe, die man mit ein wenig gelber und sehr wenig roter Lebensmittelfarbe mischt, eine kleine Kugel rollen. Den Muffin mit dem Rest der Zuckermasse überziehen und die Kugel als Nase aufsetzen. Einzelne Kügelchen von der Gelee-Brombeere lösen und als Augen und die Gummischnur als Mund anbringen.

2 Das Marzipan durch die Knoblauchpresse drücken und als Haare auf dem Muffin drapieren. Eine kleine Menge roter Speisefarbe als Bäckchen mit den Fingern oder einem kleinen Pinsel aufstreichen.

3 Aus dem Aludraht einen Heiligenschein biegen. Hierfür das eine Ende des Drahtes zu einem Kreis, ca. ø 3 cm, biegen und zum Fixieren um den Stiel wickeln. Den Heiligenschein in den Kopf stecken. Für die Flügel die Backoblaten nach Vorlage zurechtschneiden und mit zähflüssigem Zuckerguss an den Engel kleben.

Den Krepppapierstreifen an einer Längsseite mithilfe von Nadel und Faden einkräuseln und als Kragen um den Muffin herum festbinden.

Nikolaus

1 Von der hautfarbenen Zuckermasse ein kleines Stück abtrennen und eine Kugel als Nase formen. Den Muffin mit der restlichen Zuckermasse in Hautfarbe überziehen. Aus etwa 20 g der weißen Zuckermasse den Bart formen und auf das Gesicht drücken.

2 Die aus rotem Marzipan modellierte Mütze auf den Kopf setzen. Aus der restlichen weißen Zuckermasse den Besatz und den Bommel für die Mütze formen und anbringen. Die Nase aufsetzen und die Zuckerkugeln von der Gelee-Brombeere als Augen aufdrücken. Zuletzt mit einem Schaschlikstäbchen einen Mund eindrücken.

Vogelgezwitscher

→ liebevolle Fensterumrandung

1 Die Konturen der Motive mit der Konturenfarbe auf die Malfolie malen und trocknen lassen. Anschließend alle Motive gemäß Abbildung mit Windowcolor-Farben ausmalen und wiederum gut trocknen lassen.

2 Nachdem die Motive trocken sind, können sie vorsichtig von der Malfolie abgenommen und nach Wunsch am Fenster dekoriert werden.

Tipp: Die Fensterumrahmung können Sie gut der eigenen Fenstergröße anpassen, indem Sie z.B. bei einem größeren Fenster einfach ein paar Sterne mehr malen und dekorieren.

Adventsgebäck

Die Adventszeit ist auch die Zeit der leckeren Naschereien. Besonders beliebt neben Apfel, Nuss und Mandelkern sind natürlich der Christstollen, Spekulatius, Lebkuchen und allerlei Plätzchen.

MATERIAL
- Windowcolor-Konturenfarbe in Silber
- Windowcolor in Gelb, Weiß, Creme, Grau, Rot, Kristallklar, Olivgrün, Arktis und Braun
- Malfolie, 50 cm x 70 cm

VORLAGE SEITE 134

Himmlische Gesellen

→ schweben durch die Lüfte

MATERIAL PRO FIGUR

- Fotokarton in Weiß, A4

VORLAGE SEITE 134

Die Vorlagen übertragen und die Motive ausschneiden. Für die feinen Stellen am besten einen Cutter verwenden.

Tipp: Dekorieren Sie doch zwischen den Figuren zusätzliche Sterne – das sieht besonders schön aus.

Winterdorf

→ stimmungsvoll beleuchtet

MATERIAL

- Fichten- oder Tannenschwartenbretter, 2,5 cm stark
- ca. 5 Teelichter
- Holzleim
- ca. 20 verzinkte Nägel oder Spaxschrauben, 4,5 cm lang

VORLAGE SEITE 135

1 Die abgebildete Bodenplatte misst 65 cm x 25 cm, kann aber nach Wunsch beliebig verlängert und verbreitert werden. Die Gebäude können ebenfalls beliebig verlängert oder mehrfach ausgesägt und nach Wunsch angeordnet werden. Wichtig ist, dass vor dem Anbringen der Gebäude und Tannen auf der Bodenplatte die Stellen, an denen später die Teelichter aufgestellt werden, festgelegt werden und entsprechend Platz gelassen wird.

2 Von den Gebäuden und Gebäudeteilen sowie der Tanne Kartonschablonen anfertigen. Die Schablone so auf das Schwartenbrett auflegen, dass die Dachfläche von der Schwarte gebildet wird. Die Schwarte kann je nach Brett schmal oder breit sein. Die Maserung verläuft bei den Gebäuden stets waagerecht. Das Gebäude mit der Stichsäge aussägen. Die Fenster- und Türöffnungen am besten mit der Dekupiersäge aussägen. Dazu zuerst in die Fenstermitte ein Loch bohren, z. B. ø 5 mm, das Sägeblatt an einer Seite lösen, durch das Loch stecken, wieder an der Säge fixieren und die Innenfläche heraussägen. Alternativ kann auch eine Bügelsäge mit drehbarem Sägeblatt verwendet werden.

3 Die Kirche besteht aus vier Teilen: zwei flachen Gebäuden, einem Turm und dem Turmdach. Beim Turm ist der Verlauf der Holzmaserung senkrecht. Das Turmdach aus der Schwarte separat aussägen und aufleimen. Auch bei den drei Tannen verläuft die Maserung wie beim Turm senkrecht.

4 Die seitlichen Kanten der Gebäude und der Tannen mit der Raspel abrunden. Die Kanten an der Unterseite wegen der besseren Standfestigkeit stehen lassen. Die Kanten der Fenster- und Türöffnungen ebenfalls mit der Raspel abrunden. Den Turm an die Kirche leimen.

5 Die Gebäude und die Tannen zusammen mit den Teelichtern auf der Bodenplatte anordnen und die Konturen leicht mit Bleistift nachziehen. Die Teile wieder abnehmen. Für die Befestigung der Gebäude und Tannen die Bodenplatte innerhalb der markierten Flächen zwei- oder dreimal durchbohren. Die Bodenplatte seitlich in einen Schraubstock einspannen. Nun kann auf der einen Seite das an der Unterseite

mit Leim bestrichene Gebäude auf die mit Bleistift markierte Fläche gehalten und von der anderen Seite entweder mit Nägeln oder Schrauben fixiert werden.

Herzlich Willkommen!

→ mit Herz hereinspaziert

MATERIAL TÜRKRANZ

- Aludraht oder geglühter Bindedraht, ø 2 mm, 1 m lang oder wahlweise Drahtherz, ca. 30 cm hoch
- Thujazweige
- Berberitzen-Zweige
- Islandmoos
- Erlenzapfen
- Blumendraht in Grün, ø 0,50 mm
- Dekoband in Grün-Weiß kariert, 1 cm breit, 1 m lang (Aufhängung)
- Sperrholz, 6 mm stark, 15 cm x 15 cm
- Acrylfarbe in Rot
- Hornknopf in Natur, ø 1,8 cm
- Nähfaden in Rot
- Papierdraht in Natur, ø 1 mm, 20 cm lang
- Bohrer, ø 2 mm
- 240er Schleifpapier

VORLAGE SEITE 135

Türkranz

1 Falls kein fertiges Drahtherz vorhanden ist, den Aludraht mit einer Zange oder von Hand gemäß Vorlage zu einem Herz biegen. Die beiden Drahtenden miteinander verdrehen.

2 Die Thujazweige (ca. 10 cm lang) gleichmäßig verteilt mit Blumendraht am Drahtherz befestigen. Lücken oder lichte Stellen mit einzelnen Zweigen auffüllen. Kleine Berberitzenzweige, Islandmoos und Erlenzapfen mit Heißkleber befestigen oder in den Blumendraht einstecken.

3 Das karierte Band als Aufhängung anbinden und zu einer Schlaufe verknoten. Die Aufhängung direkt am Herz mit einigen Zweigen kaschieren.

4 Das kleine Herz gemäß Vorlage aus Sperrholz aussägen, rot bemalen und nach dem Trocknen vorsichtig an den Kanten abschmirgeln. Das Loch für die Aufhängung bohren und den Papierdraht hindurchziehen. Etwas roten Nähfaden durch die Knopflöcher fädeln und den Holzknopf über die Bohrung kleben. Das Herz mit dem Papierdraht wie abgebildet am Kranz festknoten. Den Knoten ggf. mit einigen Zweigen überdecken.

Drei Männchen

→ im Schnee

MATERIAL PRO SCHNEE-MÄNNCHEN

- Baumstamm, ø 5 cm, ca. 10 cm bis 15 cm hoch
- Acrylfarbe in Weiß
- Ölkreide in Orange
- Dekopaste
- Streuglimmer in Weiß irisierend
- 2 Wattekugeln, ø 3 cm
- Fimorest in Orange
- Filz in Orange, Hellgrün oder Pink, je A4
- Bindedraht, ø 0,35 mm

VORLAGE SEITE 135

1 Die Schnittfläche des Baumstamms mit der Acrylfarbe in Weiß grundieren, trocknen lassen, mit Ölkreide in Orange brushen und das Gesicht aufmalen. Um das Gesicht und auf die beiden Wattekugeln Dekopaste aufbringen und sofort den Streuglimmer auftragen.

2 Aus Fimo eine Möhre formen (ø 1 cm, 2,5 cm lang) und nach Herstellerangaben im Backofen aushärten. Die Möhre als Nase und die Wattekugeln als Arme ankleben.

3 Die Mütze aus Filz zuschneiden, zusammenkleben und an der Fransenseite mit Bindedraht zusammenfassen. Für den Schal zwei Streifen Filz, 4 cm x 30 cm, zuschneiden, aneinander kleben und die Enden in Fransen schneiden. Abschließend den Schal mit einem dicken Knoten um den Hals binden und die Mütze aufsetzen.

Sternkombinationen

→ aus Stroh

MATERIAL OBERER STERN

- 4 gebügelte Strohstreifen, 4 mm breit, 10 cm lang
- 28 sehr dünne, eingeweichte Naturstrohhalme, 22 cm lang
- Goldfaden

UNTERER STERN

- 8 gebügelte, gebräunte Strohstreifen, 1 cm breit, 10,5 cm lang
- 8 mittlere, eingeweichte Naturstrohhalme, 22 cm lang
- 4 ganze gebügelte Halme, 3 mm breit, 13 cm lang
- Goldfaden

Oberer Stern

1 Je vier dünne Halme zum Viererstern binden, macht sieben Sterne. Je zwei Sterne versetzt aufeinander legen und verweben, macht drei Sterne. Ein Viererstern bleibt übrig.

2 Aus den gebügelten Halmen einen weiteren Viererstern fertigen. Diesen Stern mit dem übrigen Viererstern so verweben, dass die gebügelten Halme oben liegen. Nun je zwei von diesen vier Achtersternen zusammenweben, macht zwei Sterne.

3 Diese beiden Sterne wieder so miteinander verweben, dass der Stern aus gebügelten Halmen oben liegt.

4 Zwischen den gebügelten Halmen jeweils sieben Halme zu einer Spitze zusammenpressen und abbinden. Die Spitzen der gebügelten Halme V-förmig einschneiden.

Unterer Stern

1 Die gebräunten Halme Rückseite auf Rückseite zusammenkleben und zu einem Viererstern binden. Die Spitzen wie abgebildet einschneiden.

2 Von den acht langen Halmen je zwei parallel nebeneinander legen und so alle acht zu einem Viererstern binden. Beide Sterne versetzt aufeinander legen und zusammenweben, so dass der kleinere Stern aus den breiten Halmen oben liegt.

3 5 mm nach der letzten Bindereihe jeweils zwei Naturstrohhalme zusammendrücken und zusammenbinden *.

4 Die zusammengebundenen Halme spreizen und wie abgebildet zu überkreuzten Spitzen binden. Die Enden zuschneiden.

5 Aus den restlichen vier Halmen ebenfalls einen Viererstern fertigen. Diesen auf den fertigen Stern legen und an den zusammengefassten Stellen * anbinden.

Sternenborte

→ ein richtiges Eiskristallfenster

1 Die Konturen der Sternenborte laut Vorlage auf die Adhäsionsfolie mit der Konturenfarbe aufmalen und gut trocknen lassen.

2 Nach dem Trocknen die Sternenborte gemäß der Abbildung mit Windowcolor ausmalen und nochmals gut trocknen lassen.

3 Die Konturen der einzelnen Sterne auf Mobilefolie gemäß Vorlage aufmalen und nach dem Trocknen mit Windowcolor ausmalen. Nach nochmaligem Trocknen die Sterne ausschneiden und mit Nähgarn gemäß der Abbildung an die Borte anknoten. Mit einer Nadel die Löcher in die Borte und die Sterne zum Aufhängen stechen.

4 Die Sternenborte am Fenster dekorieren.

Adventslieder

Beliebt in der Advents- und Weihnachtszeit ist das gemeinsame singen. Die beliebtesten Adventslieder der Deutschen sind: „Kling, Glöckchen, klingelingeling", „Lasst uns froh und munter sein", „Morgen, Kinder, wird's was geben" und „Leise rieselt der Schnee".

MATERIAL
- Windowcolor-Konturenfarbe in Silber
- Windowcolor in Blau, Weiß, Frost, Silber- und Eisglitter
- Adhäsionsfolie, 0,1 mm stark, A3
- Nähgarn in Weiß
- Mobilefolienrest

VORLAGE SEITE 136

Schneemänner und Tannen

→ stehen Spalier

MATERIAL

- Sperrholz, 4 mm stark, pro Schneemann 25 cm x 12 cm, pro Tanne 20 cm x 12 cm
- Sperrholz, 3 mm stark, pro Schneemann 10 cm x 10 cm (Mützensaum, Möhrennase, Fliege)
- Acrylfarbe in Weiß, Rot, Orange und Grün
- Deko-Painter in Weiß, Rot und Grün
- Klarlack
- mit Nylon ummantelter Draht in Weiß, ø 1 mm, pro Verbindungsstück 10 cm lang
- Bohrer, ø 1 mm

VORLAGE SEITE 136

1 Die Motivteile mit Kartonschablonen und Bleistift auf Sperrholz übertragen. Die Motivteile aussägen, die Löcher bohren, die Ränder feilen und schleifen.

2 Die Motivteile bemalen und mit den Deko-Paintern wie abgebildet verzieren. Die Gesichter mit Filz- und Buntstift aufmalen.

3 Mützensäume, Nasen und Fliegen anleimen.

4 Die Schneemänner und Tannen in gewünschter Reihenfolge und Anzahl mit den Drahtstücken verbinden. Die Drahtenden auf der Rückseite mehrfach verdrehen und mit dem Seitenschneider kürzen.

5 Zuletzt die Motive mit Klarlack bestreichen.

Schneewichtel und Grüntannen

→ Anhänger

MATERIAL PRO SCHNEEWICHTEL

- Sperrholz, 3 mm stark, 20 cm x 10 cm
- Acrylfarbe in Weiß und Rot
- Deko-Painter in Weiß
- Filz in Rot, 15 cm x 1,5 cm
- evtl. Baumwollfaden in Weiß, 30 cm lang
- evtl. Bohrer, ø 1,5 mm

PRO TANNE

- Sperrholz, 3 mm stark, 10 cm x 8 cm
- Acrylfarbe in Grün
- Baumwollfaden in Weiß, 30 cm lang
- Bohrer, ø 1,5 mm

VORLAGE SEITE 136

1 Die Motive auf Sperrholz übertragen, aussägen, feilen und die Löcher bohren.

2 Die Schneewichtel und Tannen wie abgebildet bemalen. Die Gesichter mit Bleistift vorzeichnen und mit Filzstift nachfahren. Die Kreuzstiche mit dem Deko-Painter aufmalen.

3 Die Schalenden fransig einschneiden, die Schals den Wichteln umbinden und die Aufhängefäden befestigen.

Baumschmuck

Äpfel waren in früherer Zeit ein beliebter Baumschmuck. Die Frucht erinnert zum einen an die Paradiesgeschichte, zum anderen ist sie Sinnbild des Gesättigtwerdens. Im Laufe der Zeit begann man Glaskugeln aufzuhängen. Ursprünglich waren sie handgeblasen und stammten aus Thüringen. Die verschiedenfarbigen Glaskugeln sollten die Kostbarkeiten symbolisieren, die dem Christkind nach seiner Geburt als Geschenk gebracht wurden.

Adventshänger

→ im Landhausstil

MATERIAL
- 12 Weidenzweige, 1,30 m lang
- 8 Tannenpicks (künstliche Zweige), 25 cm lang
- einige frische Tannenzweige, 18 cm lang
- 16 Physalisfrüchte
- 5 Zimtstangen, je 25 cm lang
- 4 Sternanis
- 4 Tontöpfe, ø 5,5 cm
- 11 Lebkuchen, ø 5 cm
- 4 Lebkuchenstreuteile aus Keramik, ø 2 cm
- Bast in Natur
- Gimpe in Orange, 3 mm breit, 70 cm lang
- Taschenband mit Goldkante in Orange-Gold, 7,5 cm breit, 2,10 m lang
- Golddraht, ø 0,3 mm, 3 m lang
- 4 Steckdrähte, ø 1 mm, 30 cm lang
- 4 Teelichter in Weiß

1 Die Weidenzweige oben, unten und zweimal in der Mitte mit Bindedraht zusammenbinden und an der Gimpe aufhängen. Den Bast bündeln, um die Zweige schlingen und oben, unten und in der Mitte mit einzelnen Bastfäden festbinden.

2 Das Taschenband oben zwischen den Zweigen befestigen, um die Weidenzweige schlingen und unten mit Golddraht festbinden. In die Taschen große Lebkuchen stecken. Den Zimt mit Bast bündeln und mit Heißkleber an die Zweige kleben.

3 Den Steckdraht durch die Mitte der Tontöpfe stecken, die Drahtenden verdrehen, zu einem Haken biegen und in die Bastbindung stecken. Die Teelichter in die Tontöpfe setzen und vorne ein kleines Lebkuchenteil, hinten ein Sternanis ankleben.

4 Den Golddraht oben an die Weidenzweige knoten, die Physalisfrüchte in Abständen daran befestigen und den Draht um die Zweige schlingen. Das Ende unten am Adventshänger befestigen. Die frischen und künstlichen Tannenzweige zwischen die Weidenzweige stecken.

Nussknacker

→ mit praktischem Körbchen

Nussknacker

1 Die Vorlage auf das Holz übertragen.

2 Die Augen, ø 5 mm, und die Knöpfe, ø 4 mm, bohren. Unterhalb des Bartes für die beiden Schlitze und zwischen den Beinen jeweils ein Loch, ø 2 mm, bohren. Die beiden Schlitze und das Dreieck zwischen den Beinen heraussägen. Den Umriss des Nussknackers sägen.

3 Die Kleinteile, also Gürtel, Epauletten, Ärmelaufschläge, Mützenrand und Nasen-Bartteil, aussägen.

4 Nach dem Schleifen die Kleinteile auf den Nussknacker leimen.

Körbchen

1 Die Sterne nur aus der Vorderwand des Körbchens heraussägen.

2 Den Boden zwischen Vorder- und Rückwand leimen und mit Leimzwingen fixieren. Nach dem Trocknen die Seitenwände auf den Körbchenboden aufsetzen und zwischen Vorder- und Rückseite leimen.

3 Den Nussknacker an die Korbrückseite leimen.

Tipp: Sie können den Nussknacker auch ohne Körbchen fertigen und an die Wand hängen. Um ihn zu komplettieren, finden Sie auf der Vorlagenseite zusätzlich noch halbrunde Fußteile, die Sie als Abschluss auf die Stiefel leimen.

MATERIAL

- Pappelsperrholz, 3 mm stark, 15 cm x 30 cm (Nussknacker) und 35 cm x 30 cm (Körbchen)
- Bohrer, ø 2 mm, ø 4 mm und ø 5 mm

VORLAGE SEITE 137

Wichteltrio

→ süße Naschdose

MATERIAL

- Alu-Bastelfolie, 0,15 mm stark
- Fischkonservenbüchse
- Glanzlack in Zinnoberrot, Weiß, Dunkelgrün und Hautfarbe
- Dispersionsfarbe in Weiß
- feine Lackmalstifte in Schwarz und Weiß
- 3 Metallglöckchen in Gold, ø 1 cm
- Golddraht, ø 0,35 mm, 3 x 8 cm lang

VORLAGE SEITE 137

1 Bei der Konservenbüchse die etwa 5 mm nach innen ragenden Ränder des Abziehdeckels mit der Flachzange nach unten glatt drücken. Dazu evtl. die Ränder mit dem Cutter einschneiden, falls sie breiter sind. Auf die Konservenbüchse mit dem Schwämmchen mehrfach weiße Dispersionsfarbe auftupfen. Dazwischen immer gut trocknen lassen oder trocken föhnen.

2 Auf die Tannen beidseitig mit einem Schwämmchen grüne Farbe auftupfen und in unregelmäßigen Abständen kleine Löcher einstechen. An den Rändern weiße Dispersionsfarbe als Schnee abstreifen.

3 Die Wichtel rot und hautfarben bemalen. Den doppelt ausgeschnittenen, weiß betupften Mützensaum ankleben. Auf der Vorderseite ist derselbe Mützensaum nach oben, auf der Rückseite nach unten gewölbt. Das Gesicht mit Filzstift aufzeichnen, die Wangen mit roter Farbe auftupfen. Das weiße Muster auf Kleidung und Mütze mit dem Lackmalstift aufzeichnen. Wie abgebildet noch kleine Löcher einstechen. An der Mützenspitze das Glöckchen andrahten. Wichtel und Tannen an die weiße Konservenbüchse kleben. Zuletzt die Arme ankleben.

Achtzackiger Stern

→ mit kleinen Sternchen

MATERIAL

- 4 dicke, eingeweichte Naturstrohhalme, 6 cm lang
- 8 mittlere, eingeweichte Naturstrohhalme, 21 cm lang
- je 8 gebügelte Strohstreifen, 3 mm breit, 7 cm, 8,5 cm und 10 cm lang, spitz zugeschnitten
- 4 Vierersterne aus gebügelten, leicht gebräunten Strohstreifen, 3 mm breit, 3 cm lang
- Goldfaden
- Perlgarn in Gelb

1 Aus den acht langen Strohhalmen einen Viererstern binden, dabei je zwei Halme parallel legen. Aus den kurzen Halmen ebenfalls einen Viererstern fertigen. Beide Sterne versetzt aufeinander legen und miteinander verweben.

2 1,5 cm nach der letzten Bindereihe je zwei lange, nebeneinander liegende Halme zusammendrücken und mit Perlgarn abbinden.

3 Die Halmpaare spreizen und je zwei Halme mit Goldfaden zu Sternspitzen zusammenbinden. In die kurzen Halmenden jeweils zwei kurze, zwei mittlere und zwei lange Strohbögen in gleichmäßigen Abständen übereinander kleben.

4 Den Goldfaden über dem Perlgarn festknoten und zu den nächsten beiden langen Halmen spannen, dazwischen den Faden einmal um die kurzen Halmenden schlingen; dazu am besten eine Stopfnadel verwenden.

5 Abschließend an den kleinen Sternen die Spitzen zuschneiden und wie abgebildet aufkleben.

Dekorative Baumkugeln

→ selbst bemalt und verziert

MATERIAL

- Glaskugeln, ø 4 cm, 5 cm, 5,5 cm und 6 cm, in Pink, Glanz-Orange, Matt-Gold hell, Matt-Orange, Matt-Rot und Matt-Weinrot
- Glasspaint-Transparentfarbe in Rot
- Strasssteine, ø 4 mm, in Opal
- Glamour Liner Glitter in Gold
- Konturenfarbe in Gold
- Ornament-Bordüre „Topas", 1 cm x 19 cm
- Metallic Effect-Folienkleber
- Metallic Effect-Folie in Gold
- Funliner-Glitterfarbe in Gold

1 Die pinkfarbenen Glaskugeln, ø 4 cm, mit aufgesetzten Punkten aus Glasspaint-Transparentfarbe in Rot verzieren. Bei einigen zusätzlich Strasssteine aufkleben, die mit einer Pinzette in die noch feuchten Farbpunkte gesetzt werden.

2 Die größeren Glaskugeln, ø 6 cm, in Glanz-Orange mit Arabesken aus Glamour Liner Glitter schmücken.

3 Die matten Glaskugeln, ø 6 cm, in Gold mit Arabesken aus Konturenfarbe in Gold versehen.

4 Den matt orangefarbenen Kugeln eine Ornament-Bordüre aufkleben.

5 Auf die matt roten Glaskugeln, ø 5,5 cm, mit Metallic Effect-Folienkleber Arabesken aufmalen und so lange trocknen lassen, bis der Kleber transparent geworden ist. Dann die Metallic Effect-Goldfolie Stück für Stück auflegen, gut andrücken und ruckartig abreißen, um die Vergoldung herzustellen.

6 Die kleineren Glaskugeln, ø 5 cm, in Matt-Weinrot mit Arabesken aus Funliner-Glitterfarbe in Gold bemalen.

Tipp: Diese Verzierungen sind nur Vorschläge. Sie können die Kugeln auch nach eigener Fantasie schmücken.

Der Engelschor

→ vom Himmel hoch, da komm ich her

MATERIAL PRO ENGEL

- Baumstamm, ø 4 cm, ca. 11 cm bis 14 cm hoch
- Acrylfarbe in Weiß, Aprikose und Schwarz
- Ölkreide in Hellrot
- Moosgummi in Gelb, 2 mm stark, A5
- Alu-Prägefolie in Gold, 0,15 mm stark, 3 x (0,5 cm x 20 cm)

VORLAGE SEITE 137

1 Die Schnittfläche des Baumstamms in Aprikose grundieren, mit roter Ölkreide brushen und das Gesicht aufmalen.

2 Die Folienstreifen um einen Bleistift zur Spirale wickeln, mittig miteinander verdrehen und auf den Kopf kleben.

3 Die Flügel und Sterne aus Moosgummi zuschneiden, mit Ölkreide schattieren und an der Figur befestigen.

Der dritte Advent

Advent, Advent, ein Lichtlein brennt, erst eins, dann zwei, dann drei ...

Am dritten Advent ist das Weihnachtsfest in greifbare Nähe gerückt. Noch höchstens zwei Wochen bis zum großen Tag. Spätestens jetzt hält auch der Winter seinen Einzug. Wie wäre es daher eine kleine Futterstelle für Vögel zu basteln? Übrigens ein ideales Mittel, um ungeduldig auf Weihnachten wartenden Kindern die lange Wartezeit zu verkürzen. Oder sägen Sie einen filigranen Schwibbogen, der garantiert jeden Besucher begeistern wird.
Die Möglichkeiten sind zahlreich. Lassen Sie sich von den Modellen auf den nächsten Seiten anregen.

Bunte Holzsterne

→ jung und trendy

MATERIAL

- Pappelsperrholz, 1 cm stark, 60 cm x 60 cm
- Acrylfarbe in Blau, Pink und Silber
- Teelichtgläser, ø 7 cm, 6,5 cm hoch
- Silberdraht, ø 1 mm und ø 0,35 mm
- 12 transparente Facettentropfen, 2 cm lang
- je 20 Pailletten in Hellblau und Rosa, ø 6 mm
- Schablonierpinsel
- 4 Klebeaufhänger, 3 cm breit
- Dekogranulat in Rosa
- 4 Teelichter

VORLAGE SEITE 138

1 Den Holzstern mit der Laub- oder Dekupiersäge aussägen und die Löcher zum Anbringen der Gläser bohren.

2 Die Sterne nach Abbildung bemalen und nach dem Trocknen die Ränder mit silberner Acrylfarbe gestalten. Dafür den Schablonierpinsel mit wenig Farbe benetzen und in schnellen, senkrechten Bewegungen aufsetzen.

3 Mit dem dicken Silberdraht die Teelichtgläser an den Sternen befestigen. Die Enden auf der Rückseite miteinander verdrehen. Mit Kraftkleber einen Klebeaufhänger auf der Rückseite des Sternes ankleben.

4 Für jede Drahtverzierung auf 60 cm dünnen Silberdraht drei Facettentropfen auffädeln. Den mittleren Glastropfen in der Drahtmitte durch Verdrehen fixieren, die beiden anderen im Abstand von jeweils 3 cm anbringen. Den Silberdraht mit den Facettentropfen um den Silberdraht am Stern wickeln, so dass die Facettentropfen vorne in der Mitte hängen.

5 Auf ein 70 cm langes Drahtstück zehn Pailletten auffädeln und den Draht dazwischen über ein Schaschlikstäbchen locken (ca. sechsmal um das Stäbchen winden).

6 Diesen Silberdraht ebenso um die Drahthalterung für die Gläser winden. Dann die Lichter auf ein Dekogranulatbett setzen.

Schaukelpferd & Weihnachtsbaum

→ in trauter Zweisamkeit

MATERIAL SCHAUKELPFERD
- Alu-Bastelfolie in Gold, 0,15 mm stark
- Glanzlack in Weinrot, Ultramarin und Elfenbein
- feine Lackmalstifte in Schwarz und Weiß
- Flowerhair in Gold
- Golddraht, ø 0,35 mm, 3 x 5 cm (Ohren befestigen, Mähne und Schwanz zusammenfassen und fixieren), 2 x 10 cm (Zügel, Stern) und 30 cm lang (Aufhängung)
- 3 transparente Rocailles in Gelb, ø 2 mm
- Rundholzstäbchen, ø 3 mm (Drahtspirale wickeln)

WEIHNACHTSBAUM
- Alu-Bastelfolie in Gold, 0,15 mm stark
- Glanzlack in Grün und Weinrot
- Golddraht, ø 0,35 mm, 50 cm lang
- Rundholzstäbchen, ø 3 mm (Drahtspirale wickeln)

VORLAGE SEITE 138

Schaukelpferd

1 Das Schaukelpferd, die beiden Ohren und den Stern auf Folie übertragen und ausschneiden.

2 Das Schaukelpferd wenden und die Kontur des Sattels, des Sattelgurts, des Halfters und die Abgrenzungslinien, die den roten Rumpf vom Hals und von den Beinen bzw. den Kufen trennen, einprägen. Den Verlauf der Kufen durch kurze, eingeprägte Striche unterstützen. Am Sattelgurt und am Halfter Punkte eindrücken.

3 Das Schaukelpferd wenden und bis auf Halfter und Sattelgurt wie abgebildet bemalen. Von den leicht nach oben überstehenden geprägten Linien mit dem Cutter die Farbe abschaben. Mit der Radiernadel das Karomuster in den roten Rumpf ritzen. In den Sattelrand kleine Punkte ritzen. Bei den bemalten Ohren einen kleinen Innenbogen einritzen und die Farbe am Rand abschaben.

4 Die Ohren und den Hinterkopf zweimal durchstechen und die Ohren mit einem Stück Draht befestigen. Die Drahtenden auf der Rückseite dreimal verdrehen, mit dem Seitenschneider kürzen und andrücken. Den Zügeldraht neben dem Halfter durch das Loch stecken, unter dem Kinn einmal verdrehen und zum Sattel führen. Dort die Enden ineinander hängen.

5 Aus dem langen Draht für die Aufhängung eine Spirale fertigen, dehnen und an Kopf und Hinterteil andrahten. Etwas Flowerhair glatt ziehen und für die Mähne bzw. den Schwanz das Büschel in der Mitte mit Draht zusammenfassen, ein Drahtende durch das Loch im Kopf bzw. am Hinterteil (Aufhängung) stecken und auf der Rückseite mit dem anderen Drahtende dreimal verdrehen. Die Drahtenden kürzen. Die Mähne mit der Schere auf 1,5 cm, den Schwanz auf 2,5 cm kürzen.

6 In den Stern Punkte einprägen. Den Stern andrahten und die Perlen auffädeln. Den Draht an der Kufe befestigen.

Weihnachtsbaum

1 Am Rand der Tannenzweige und in den Stern Punkte einprägen.

2 Die Tanne beidseitig wie abgebildet bemalen. Die Seite, auf der sich die eingedrückten Punkte wölben, ist die Vorderseite. Von den Spitzen dieser Punkte mit dem Cutter die Farbe abschaben. Mit der Vorstechnadel Kreuze und Linien einritzen.

3 Den Draht am Loch im Stamm andrahten, dann den Draht um das Rundholzstäbchen zu einer Spirale wickeln. Die Spirale dehnen und um den Baum bzw. um die Zweige schlingen, dann durch das Loch in der Baumspitze ziehen, um den Draht schlingen und den Stern auffädeln.

Mein liebstes Schaukelpferd

→ heiteres Treffen

MATERIAL
- Fotokarton in Weiß, A3

VORLAGE SEITE 139

Die Vorlage übertragen und das Motiv ausschneiden. Feine Schnitte gelingen am besten mit dem Cutter.

Tipp: Sie können den Engel und das Schaukelpferd auch einzeln ausschneiden und aufhängen.

Vergnügt in Bethlehem

→ Säckchenfiguren

MATERIAL

- weißer Baumwollstoff, 1 m x 50 cm
- ca. 50 g Füllwatte
- ca. 350 g Granulat
- 7 Rohholzperlen, ø 4,5 cm
- 4 Rohholzperlen, ø 1,2 cm (Nasen)
- Rohholzperle, ø 4 mm (Nase Kind)
- 5 Rohholzperlen, ø 2 cm (Kopf Kind und Schafe)
- reißfester Faden in Beige
- Filz- und Stoffreste in verschiedenen Farben
- Nähfaden in Farben passend zu den Umhangstoffen
- Teddystoff in Weiß, 30 cm x 10 cm (Schafe)
- ovale Spanschachtel, 7 cm lang, 4 cm breit
- Sisalgras in Orange
- Wollreste in verschiedenen Farben
- Acrylfarbe in Dunkelbraun
- Permanentmarker in Schwarz

VORLAGE SEITE 139

1 Die Holzperlen, ø 1,2 cm, und die Holzperle, ø 4 mm, für die Nasen mit dem Messer halbieren. Jeweils eine Nase mittig auf eine Holzperle, ø 4,5 cm, bzw. für das Kind auf die Holzperle, ø 2 cm, aufkleben. Caspars Kopf dunkelbraun anmalen und trocknen lassen.

2 Auf alle Köpfe Gesichter aufmalen und die Bäckchen mit Buntstift röten. Mit dem Lackmalstift Lichtpunkte in die Augen setzen. An die Stirn ein paar kurze Stücke Wolle als Haare ankleben, die später unter dem Umhang hervorschauen.

3 Aus dem weißen Baumwollstoff für jede Figur einen großen Kreis, ø 20,5 cm, und für das Kind einen kleinen Kreis, ø 8,5 cm, ausschneiden. Mit dem reißfesten Faden den Rand jedes Kreises mit Steppstich umnähen und einkräuseln, bis ein kleines Säckchen entsteht. Dieses mit Granulat und Füllwatte füllen. Die Öffnung zuziehen, den Rand nach innen in die Öffnung drücken und den Faden vernähen.

4 Den Kopf mit Heißkleber auf den Körper kleben. Für die Umhänge nach Vorlage verlängerte Halbkreise aus den bunten Filz- und Stoffresten ausschneiden und oben am Kopf festkleben. Die Seiten nach unten klappen, dabei 1 cm nach innen einschlagen. Unter dem Kinn mit ein paar Stichen in passendem Nähgarn zusammennähen.

5 Die Haare in Form schneiden. Den Königen die zusammengeklebten Kronen aufsetzen. Die Spanschachtel mit Sisalgras auslegen und das Sisalgras festkleben. Das Kind in die Krippe legen.

6 Die Schafe wie die Figuren arbeiten, nur für den Körper den Teddystoff, ø 10 cm, benutzen, eine Holzperle, ø 2 cm, oben aufkleben und das Gesicht aufmalen. Ein Stück Stoff, ø 1,5 cm, als Haare auf die Kopfperle kleben.

Tipp: Die Säckchenfiguren sind sehr stabil und auch schön anzufassen. Daher kann man mit ihnen wunderbare Krippenspiele für den Hausgebrauch aufführen.

Kleiner Weihnachtsschwibbogen

→ traute Krippenszene

MATERIAL

- Pappelsperrholz,
  - 4 mm stark, 15 cm x 15 cm (6 Kerzenhaltersterne)
  - 6 mm stark, 40 cm x 30 cm (Krippenstall)
  - 1 cm stark, 11 cm x 35 cm (Bodenplatte) und 2 Leisten à 35 cm x 1 cm (zur Befestigung)
- Bohrer, ø 4 mm
- 6 Kerzenhalter mit Metalleinsatz, ø 2,3 cm

VORLAGE SEITE 140

1 Die Vorlage auf das entsprechende Holz übertragen.

2 Mit dem Heraussägen der kleinsten Innenflächen beginnen. Erst wenn alle Innenflächen herausgesägt sind, den Umriss sägen. Die Befestigungsleisten und die Bodenplatte zusägen.

3 Die Ecken der Bodenplatte mit der Laub- oder Dekupiersäge abrunden. Die Motivteile feilen und schleifen.

4 Den ausgesägten Bogen zuerst auf die Bodenplatte leimen. Anschließend zur zusätzlichen Stabilisierung die beiden Befestigungsleisten aufleimen.

5 Auf den sechs Sockeln auf dem Krippenbogen jeweils einen Stern und einen Kerzenhalter mit Leim befestigen.

Filzsterne

→ ein Hauch von Orient

MATERIAL PRO STERN
- Filz in Rot, Gelb und ggf. Orange, 0,8 mm bis 1 mm stark, 4 cm x 4 cm, 7 cm x 7 cm und 2 x 13 cm x 13 cm
- 7 Brillant-Schliffperlen in Rosenquarz, ø 5 mm
- 12 transparente Rocailles in Orange, ø 2,6 mm
- 12 Glasstifte in Rot, 2 cm lang
- Kordel in Orange/Gold, ca. 60 cm lang
- Faden in Orange

ZUSÄTZLICH FÜR DIE AUSGESTOPFTEN STERNE
- Schafwolle oder Watte
- Perlgarn in Orange oder Rot

VORLAGE SEITE 138

1 Von den Sternen Schablonen herstellen, auf Filz übertragen und ausschneiden.

2 Für den Stern ganz links im Bild die beiden großen Sterne versetzt aufeinander legen und mit wenig Klebstoff zusammenkleben. Den mittelgroßen und den kleinen Stern wie abgebildet ebenfalls vorsichtig aufkleben, damit der Klebstoff nicht durchdrückt.

3 Als Verzierung eine Rocaille an einer mit X gekennzeichneten Stelle auf dem großen Stern festnähen. Nun einen Glasstift auffädeln und an der Sternspitze eine Rocaille festnähen. Es werden jeweils nur die Rocailles festgenäht und die Glasstifte immer aufgefädelt. Abschließend den Faden vernähen. In die Zwischenräume zwischen den Sternspitzen des mittleren Filzsterns und den genähten Perlen-Sternspitzen jeweils eine Brillant-Schliffperle festnähen oder ankleben. Ebenso in die Mitte des kleinen Sterns eine Brillant-Schliffperle kleben.

4 Für die beiden anderen Sterne im Bild jeweils zwei gleichfarbige große Sterne deckungsgleich aufeinander legen und mit Perlgarn im Knopflochstich zusammennähen. Dazu das Garn mit einem Knoten versehen. Von hinten nach vorne, ca. 5 mm vom Rand entfernt, durch den Filz stechen und durchziehen. Das gleiche nochmals von hinten nach vorne an der gleichen Einstichstelle wiederholen, jedoch die Nadel jetzt nicht ganz durchziehen und den Faden direkt nach der Nadel nach vorne um die Nadelspitze legen (= erster Stich). Für den zweiten Stich von hinten nach vorne die Nadel halb durchstechen, den Faden um die Nadelspitze legen und durchziehen. So fortfahren, bis der Stern umknüpft ist, und den Faden verknoten. Bevor die letzte Spitze geschlossen wird, etwas Schafwolle in der Sternmitte verteilen. Dann die Sterne wie oben beschrieben verzieren.

5 Zum Schluss die Aufhängekordel annähen oder festkleben.

Tipp: Die genähten Sterne sind auch ohne Perlen als Nadelkissen ein willkommenes Geschenk. Die beiden mittleren Sterne aufeinander geklebt können als Christbaumschmuck oder Geschenkanhänger Verwendung finden.

Dekorativ aus Wellpappe

→ Anhänger und Teelicht

Teelichtstern

1 Vom Teelichtstern eine Schablone anfertigen, dabei nur den Sternumriss und den Mittelpunkt aufzeichnen. Die Schablone auf die glatte Rückseite der Wellpappe legen und den Umriss mit Bleistift nachziehen. Den Mittelpunkt durch die Schablone in die Wellpappe stechen. Den Stern mit dem Cutter ausschneiden.

2 Mit dem Zirkel um den Sternmittelpunkt Kreise mit den Radien 1 cm und 2 cm zeichnen. Den großen Kreis evtl. erweitern, damit das Teelicht hineinpasst. Den Innenkreis mit dem Cutter herausschneiden. Vom großen Kreis zur Mitte hin mit dem Cutter Einschnitte machen. Damit die Einschnitte alle etwa den gleichen Abstand haben, zuerst an zwei gegenüberliegenden Stellen zur Mitte hin einschneiden. Den „Halbkreis" dazwischen mit einem Schnitt halbieren, den „Viertelkreis" dazwischen wieder halbieren etc.

3 Sind die Einschnitte am gestrichelten Ring etwa 3 mm bis 4 mm breit, den Stern wenden und die Zacken nach unten drücken. Das Teelicht einpassen. Mit dem Pinsel unregelmäßig noch etwas Acrylfarbe auftragen.

Anhänger

1 Für die Karten und die Sterne Schablonen anfertigen. Ein Doppelpfeil markiert den Verlauf der Wellenstruktur der Wellpappe. Die Strichpunktlinie zeigt den Falz der Karte an. An den paarweise angeordneten zwei bzw. vier parallelen Linien im Innenbereich wird der Geschenkanhänger eingeschnitten, damit der Stern eingesteckt bzw. durchgeschoben werden kann. Diese Einschnitte mit dem Cutter in die Schablone machen.

2 Die Kartenschablone auf die glatte Rückseite der Wellpappe legen und die Konturen mit Bleistift nachziehen. Die Karte mit dem Cutter ausschneiden, wenden und die Schablone auflegen. Mit dem Cutter den Falz anritzen und ggf. die Einschnitte für die Sterne durch die Schablone in die Wellpappe machen. Die Karte am Falz knicken und mit der Lochzange lochen.

3 Etwas Acrylfarbe auftragen. Die aus Goldfolie ausgeschnittenen bzw. ausgestanzten Sterne aufkleben oder einstecken. Mit dem Malglitter noch Akzente setzen, indem z. B. der Rand mancher Sterne nachgezogen wird. Zum Schluss die Kordel durch das ausgestanzte Loch ziehen.

MATERIAL FÜR ALLE MODELLE

- Acrylfarbe in Gold

FÜR DEN TEELICHTSTERN

- Goldstreifen-Wellpappe in Rot, 20 cm x 20 cm
- Teelicht
- Zirkel

PRO ANHÄNGER

- Goldstreifen-Wellpappe in Rot, 16 cm x 8 cm
- Alu-Bastelfolienrest in Gold (für die Sterne)
- Malglitter in Gold
- Lurexkordel in Gold, ø 1 mm bis 1,5 mm, Länge nach Belieben
- Motivlocher: Stern, ø 1,2 cm

VORLAGE SEITE 140+141

Der liebe Nikolaus

→ füllt auch deinen Stiefel!

MATERIAL

- Formfilz in Rot, A3
- Formfilzreste in Dunkelblau, Hell- und Dunkelgrün, Weiß und Braun
- Bastelfilzrest in Hellblau, 1 mm stark
- Fotokarton in Gold, A4
- Fotokartonrest in Hautfarbe (Kopf)
- Transparentpapier mit Bibel- und Taubendruck in Weiß, A4
- 2 Strasssteine in Orange, ø 5 mm
- Goldglöckchen, ø 1,7 cm
- Karoband in Orange, 5 mm breit, 20 cm lang
- Satinkordel in Rot, ø 2 mm, 10 cm lang
- Golddraht, ø 0,5 mm, 10 cm lang
- Stickgarn in Schwarz

VORLAGE SEITE 142

1 Alle Einzelteile ausschneiden und mit Buntstiften wie abgebildet bemalen. Den Nikolauskopf mit Bart, Augenbrauen und Mütze bekleben. Darüber Schnurrbart und Nase ergänzen. Die zweite Mütze von hinten ankleben.

2 Die Mantel- und Ärmelsäume mit einem Lochmuster versehen. Den Transparentpapierstreifen ankleben, darüber den Kopf und die Ärmel fixieren. Das Karoband um den Gabensack binden und ebenso wie die Schuhe und die rechte Hand hinter den Mantel kleben. Die zweite Hand auf den Bischofsstab kleben und auf dem Ärmel fixieren.

3 Den Kopf des Jungen bemalen, mit Haaren versehen und ihn auf den Pullover kleben. Die Hand und die Hose dahinter fixieren. Zuletzt Schuhe und Lebkuchen ergänzen und den Jungen von hinten am Nikolaus fixieren.

4 Das Päckchen mit der Satinkordel umwickeln und es hinter den Sack kleben. Den Flicken mit Garn festnähen. Zuletzt das Glöckchen mit Draht am Bischofsstab befestigen.

Doppelsterne

→ Anhänger & Kerzenhalter

MATERIAL

- Pappelsperrholz, 4 mm stark, 16 cm x 16 cm pro Stern
- Bohrer, ø 1,5 mm (Aufhängung) und ø 4 mm
- Faden in Beige

VORLAGE SEITE 141

1 Die Vorlage auf Holz übertragen.

2 Die Innenflächen anbohren und heraussägen. Anschließend den Umriss sägen.

3 Die Motivteile feilen und schleifen. Ein Loch für den Aufhängefaden bohren.

Tipps: Mit einem aufgeleimten kleinen Stern können Sie die Form auch als Kerzenhalter nutzen.

Falls Sie es lieber bunt mögen, bemalen Sie die Sterne einfach mit Acrylfarbe in der Farbe Ihrer Wahl.

Fasten

Im 5. Jahrhundert war es noch üblich in der Adventszeit zu fasten. Dabei waren Freuden wie Fleischgenuss, Eheschließungen und öffentliche Vergnügungen wie zum Beispiel Tanzen streng von der Kirche verboten.

Happy Holidays

→ Santa Claus is coming to town

MATERIAL

- Fotokarton in Weiß und Hellgrün, je A4
- Fotokartonreste in Weiß, Hellblau, Schwarz, Mittelblau, Rosa, Violett, Rot, Gelb, Hellbraun und Hautfarbe
- 2 Knöpfe in Schwarz, ø 1,2 cm
- Satinband in Hellgrün, Orange und Violett, 3 mm breit, 20 cm lang
- 2 Holzperlen in Rot, ø 8 mm
- Lackmalstift in Rot

VORLAGE SEITE 142+143

1 Die Einzelteile ausschneiden und beim Positionieren die Vorlagenseite zu Hilfe nehmen.

2 Die Hose mit Lackmalstift mit einem gestrichelten Rand versehen und mit Filzstift die Konturen nachzeichnen. Die Hosenträger ankleben und die Knöpfe darübersetzen. An die Hosenbeine die Stiefel kleben, die Innenlinien mit Lackmalstift nachzeichnen.

3 Das Hemd mit Filzstiftpunkten bemalen und an einem Arm etwas einschneiden. Hinter die Hose kleben, auch die Hosenträger darauf fixieren.

4 Den Kopf mit Filzstift und Buntstift gestalten und den Bart, darüber mit Abstandshaltern den Schnurrbart kleben. Auf dem Hemd fixieren, dabei den Bart hinter dem Arm anbringen und etwas in den eingeschnittenen Schlitz schieben.

5 Die Hand ankleben und daran den zusammengesetzten Stift fixieren. Darüber wird am Fenster das Schild platziert. Für dieses den weißen Karton mit Filzstiften beschriften und auf ein etwas größeres Stück grünen Karton kleben. Mit einem Rand von etwa 2 mm ausschneiden.

6 Den Schlitten mit dem hellblauen Besatz bekleben und Ilex und Rentierhände aufkleben. Den Rentierkopf gestalten: Das Gesicht mit schwarzem Filzstift, rotem Lackmalstift und Buntstift aufmalen und das Geweih an der Rückseite anbringen. Den Lichtpunkt auf der Nase mit einem weißen Lackmalstift setzen. Den Kopf von hinten an den Schlitten kleben, so dass er zwischen den Händen sitzt.

7 Die Geschenkpakete mit Schleifenband umwickeln und hinter dem Schlitten bzw. zu Füßen des Weihnachtsmannes am Fenster befestigen. Die Holzperlen mit einem Messer halbieren und als Ilexbeeren aufsetzen.

Knusperhäuschen

→ knusper, knusper, Knäuschen

MATERIAL
HAUS

- Wellpappe in Rot, 24 cm x 30 cm
- Pappe, A2
- Satinband in Rot, 3 mm breit, 2 m lang
- verschiedene Süßigkeiten und Kekse
- Watte
- Puderzucker
- Tasse
- Löffel
- Limonade
- Locher

HÄNSEL, GRETEL UND DIE HEXE

- Fotokartonreste in Weiß, Hautfarbe, Gelb, Orange, Rot, Hellgrün, Hellblau, Rot, Lila und Schwarz
- Strasssteine in 1 x Weiß und 2 x Grün, ø 5 mm
- feiner Lackmalstift in Schwarz

VORLAGE SEITE 143+144

Knusperhäuschen

1 Für das Dach ein Rechteck von 24 cm x 30 cm zuschneiden. Die Seitenteile des Hauses aus Pappe anfertigen und oben die Klebekante am Falz knicken. Hier wird später das Dach aufgeklebt. Nun alle Pappwände an den Seiten in gleichmäßigen Abständen lochen. Die Wände aneinander legen und mit dem Satinband zum Haus verbinden, indem das Band von einer Pappe in die andere gefädelt wird (siehe Abbildung). Die Klebekanten mit Klebstoff bestreichen und das Dach aufkleben.

2 Das Dach vorne und hinten mit einem Watterand dekorieren.

3 Puderzucker in eine Tasse füllen und mit sehr wenig Limonade dick anrühren. Dann den Puderzucker-Kleister mit einem Löffel auf die Knusperhäuschenflächen auftragen und die Süßigkeiten sofort auflegen. Eine Nacht trocknen lassen, dann die nächste Seite ebenso dekorieren. Zum Schluss das Dach mit Keksen und Süßigkeiten bekleben.

Hänsel, Gretel und die Hexe

1 Die drei Figuren von der Vorlage abpausen, die einzelnen Motivteile auf Fotokarton übertragen und ausschneiden. Die Körper an den Falzkanten knicken und oben aneinander kleben.

2 Bei Hänsel vorher den lila Pullover hinterkleben. Die Hände bei Hänsel und Gretel von hinten hinter die Ärmel kleben. Bei der Hexe die Hände auf das Kleid kleben. Gretel erhält zusätzlich eine rote Schürze und einen weißen Kragen. Auf die Hose von Hänsel eine Tasche und einen Flicken kleben. Auf das Hexenkleid einen lila Flicken kleben und die Konturen mit hellblauem Filzstift aufmalen. Den Hut der Hexe anbringen.

3 Allen Köpfen die Haare aufkleben und die Gesichter aufmalen. Die Augen mit Lackmalstift auftragen und danach mit einem feinen schwarzen Filzstift umranden. Die Wangen mit Resten vom Buntstift aufreiben.

Tipp: Statt Satinband können Sie auch Wolle für das Zusammenfädeln des Hauses verwenden. Das ist etwas günstiger.

Weihnachtskrippe

→ stimmungsvoll beleuchtet

MATERIAL
- Sperrholz, 6 mm stark, 30 cm x 40 cm (Krippe, Stall, Figuren, Bodenplatte und Stabilisierungsstreifen)
- Sperrholz, 3 mm stark, 20 cm x 10 cm (Stern, Laterne)
- 2 Kerzenhalter, ø 4,5 cm, 2,5 cm hoch
- Acrylfarbe in Terrakotta, Hellblau, Blau, Dunkelblau, Hautfarbe, Gelb und Weiß
- Klarlack

VORLAGE SEITE 145

1 Die Umrisse der Schablonen auf Sperrholz übertragen. Die Motivteile aussägen, die Ränder feilen und schleifen.

2 Von Maria zusätzlich noch eine Schablone nur vom Kopf anfertigen und den Umriss ganz leicht mit Bleistift auf die ausgesägte Figur übertragen. Dann die Köpfe hautfarben bemalen. Die Gesichter leicht mit Bleistift vorzeichnen und mit Filzstift nachfahren. Die Wangen mit Buntstift röten. Dann die restlichen Motivteile bemalen.

3 Den 2 cm breiten Stabilisierungsstreifen auf die Bodenplatte leimen (gestrichelte Linien). Den Bogen sowie Maria und Josef sowohl auf die Bodenplatte als auch an den Streifen anleimen. Dann die Krippe, die Laterne, den Stern und die Kerzenhalter mit Leim befestigen.

4 Zuletzt die gesamte Krippe mit Klarlack bestreichen.

Doppelter Stern

→ toll am Fenster

MATERIAL

- 4 dünne, eingeweichte Naturstrohhalme, 5 cm lang
- 80 mittlere, eingeweichte Naturstrohhalme, 22 cm lang
- 4 Mini-Viererstene aus gebügelten Strohstreifen, 3 mm breit, 4 cm lang (angefertigt gemäß Seite 126)
- Viererstern aus ganzen, gebügelten Halmen, 4 mm breit, 8,5 cm lang (Innenstern)
- Pappe oder Papier
- Zirkel
- Goldfaden
- Perlgarn in Gelb

Fächerschablone

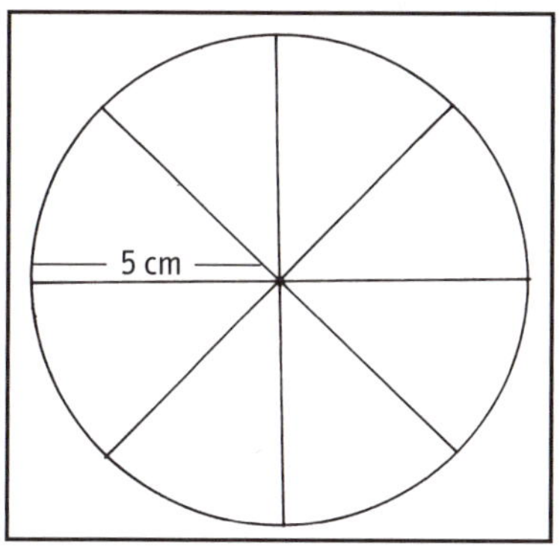

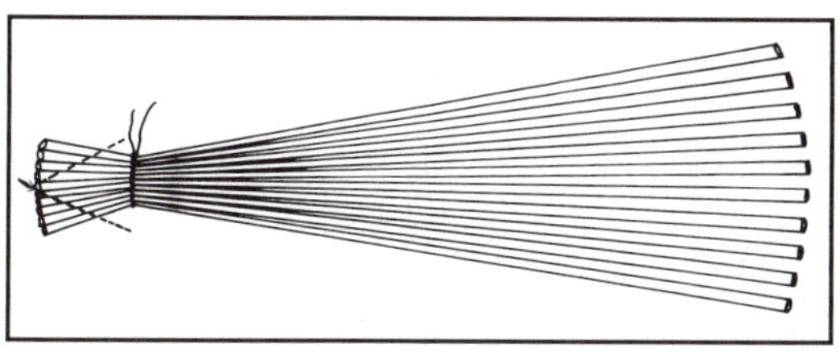

1 Einen Viererstern aus den vier kurzen Halmen binden.

2 Für die Fächer zehn Halme parallel nebeneinander legen und nach 3 cm fest mit Perlgarn abbinden (siehe Zeichnung). Die Fächerschablone mit einem Radius von 5 cm auf Pappe oder Papier aufzeichnen und in acht Teile stückeln. Bis auf den sechsten Halm werden die restlichen Halme genau nach Schablone schräg abgeschnitten. Jetzt die Fächer auf den Innenstern kleben, dabei den vierten oder sechsten Halm auf den Halm des Innensterns ziehen.

3 Die Halme der Fächer in zwei Gruppen zu je fünf Halmen teilen und nach weiteren 4 cm wieder zu zehn Halmen zusammenfassen. Danach die Halme wieder teilen.

4 Für die Spitzen zuerst die beiden äußeren Halme zusammenbinden (13 cm). Nach 11,5 cm, 10 cm, 8,5 cm und 7 cm jeweils zwei Halme mit Goldfaden zusammenfassen. Die Strohhalme an den Enden wie abgebildet abschrägen.

5 Die Enden der kleinen Sterne sowie des Mittelsterns wie abgebildet zuschneiden und aufkleben.

Das Rentier tanzt

→ Hampelfigur

MATERIAL HAMPELFIGUR

- Fotokarton in Hellblau, A4
- Fotokartonreste in Hellblau, Weiß, Schwarz und Pink
- Formfilzreste in Hellgrün und Gelb
- Filzrest in Rot
- Acrylfarbe in Orange
- Paketschnur, 3 cm lang für Knopf, 20 cm lang für Schleife
- Wollfaden in Weiß, 50 cm lang
- Holzknopf, ø 2 cm
- Metallglöckchen, ø 1,6 cm
- Klebekissen
- 4 Musterbeutelklammern in Gold
- Motivlocher: Herz, ø ca. 1,5 cm

BONBONDOSE

- Pappschachtel, ø 8 cm
- Fotokartonreste in Hellbraun und Pink
- Formfilzrest in Gelb
- Schleifenband in Rot-Weiß kariert, 1 cm breit, 30 cm lang
- Paketschnur, 20 cm lang

VORLAGE SEITE 146

Hampelfigur

1 Alle Teile des Körpers ausschneiden und ringsum mit hellbraunem Filzstift eine gestrichelte Linie zeichnen. Das Gesicht aufmalen, den Nasenpunkt mit Klebekissen aufsetzen und die Ohren sowie das Geweih aus Formfilz an der Kopfrückseite anbringen. Eine zusammengebundene Schleife aus Paketschnur an die Stirn kleben, Lichtpunkte aufmalen.

2 Das hellblaue Kleidchen aus Fotokarton auf ein Stück grünen Formfilz kleben, unten einen schmalen Kartonrand stehen lassen, diesen zackig schneiden und kleine Herzchen aufsetzen. Den Holzknopf mit vorher eingeknüpfter Paketschnur aufkleben.

3 Auf die hellblauen Arme Filzstreifen kleben, die schwarzen Hufe an die Beinchen kleben und die weißen Strümpfe mit rot gemalten Streifen darüber befestigen.

4 Alle vorgesehenen Löcher mit einer Nadel einstechen und jene, durch welche die Briefklammern geführt werden, mit einem durchgeschobenen Schaschlikstäbchen etwas vergrößern. Arme und Beine nicht zu eng an den Körper klammern, damit sie noch leicht bewegt werden können. Den Filzschal mit orangefarbenen Punkten betupfen, um den Hals schlingen und fixieren.

5 Den Wollfaden genau nach Anweisung auf der Vorlagenseite einknüpfen und am unteren Ende das Glöckchen festbinden.

Bonbondose

Das Rentierköpfchen anfertigen (wie oben), auf den Dosendeckel kleben, das Schleifenband um den Deckelrand binden und die Dose nach Belieben füllen.

Pinguinkörbchen

→ niedliche Tischdekoration

MATERIAL
- Sperrholz, 6 mm stark, 22 cm x 20 cm
- Sperrholz, 8 mm stark, 40 cm x 20 cm
- Acrylfarbe in Taubenblau, Kürbis (Antik), Schwarz, Weiß und Ultramarinblau
- Bindedraht, ø 1,4 mm
- Plusterstift in Weiß
- Bohrer, ø 3 mm

VORLAGE SEITE 146

1 Alle Einzelteile für das Körbchen aus dem dicken, die Schneefläche mit Pinguin, den Flügel und den Fuß zweimal aus dem dünnen Sperrholz aussägen. Alle Teile wie abgebildet bemalen und die Innenlinien ergänzen.

2 Die Bohrungen an den Seitenteilen ausführen. Das Körbchen zusammenleimen und trocknen lassen. Danach die Schneefläche mit dem Pinguin aufkleben, die zweite Seite genauso arbeiten. Flügel und Füße ergänzen. Das Körbchen zum Trocknen waagerecht hinlegen, die zweite Seite entsprechend arbeiten.

3 Mit Plusterstift die Tupfen und die Schneeflocken aufmalen.

4 Aus dem Bindedraht eine enge Spirale wickeln, diese wie abgebildet über zwei gleich lange Bindedrahtstücke stecken, anschließend die Drahtenden zu Ösen und in Form biegen. Die Drahtspirale dient als Griff und muss daher in der Mitte liegen. Den fertigen Korbbügel einhängen und die Ösen zusammenbiegen, damit der Draht nicht herausrutscht.

Große Tannen

→ mit Durchblick

MATERIAL PRO TANNE

- ungehobeltes Fichten- oder Tannenbrett, 2,5 cm stark, ca. 10 cm bis 15 cm breit und ca. 1,20 m lang
- ungehobelte Dachlatte, 2,5 cm x 5 cm, 65 cm lang
- Fichten- oder Tannenschwartenbrett, 2,5 cm stark, 15 cm bis 20 cm breit und 30 cm lang (Bodenplatte)
- 2 Spaxschrauben, 5 cm lang
- 10 Spaxschrauben oder verzinkte Nägel, 4 cm lang
- Bohrer, ø 1,5 mm (Nägel) oder 2 mm (Schrauben)

VORLAGE SEITE 145

1 Von der Tanne und der Bodenplatte jeweils eine Kartonschablone anfertigen.

2 Das Brett mit der Stichsäge in fünf Stücke, 35 cm, 30 cm, 25 cm, 20 cm und 10 cm lang, sägen. Die Brettstücke nebeneinander und dann die Tannenschablone darauf legen. Den Umriss der Tanne mit dem Bleistift nachziehen.

3 Die fünf Tannenteile mit der Stichsäge aussägen. Die Ränder der Tannenteile mit der Raspel rustikal bearbeiten, d.h. nicht gleichmäßig abrunden, sondern sehr unregelmäßig mal mehr, mal weniger abraspeln. Die Tannenteile so auf dem Tisch anordnen, dass die weniger schöne Seite oben ist. Zwischen den Teilen ist jeweils 5 mm Abstand.

4 Als Stamm die Dachlatte an einer Seite spitz zusägen (gestrichelte Linie) und auf die Tannenteile legen. Der Dachlattenstamm steht unten 4 cm bis 5 cm über. Den Dachlattenstamm wieder abnehmen, etwas Leim auftragen und wieder auflegen. Für jeden der fünf Baumabschnitte den Dachlattenstamm zweimal durchbohren. Die Baumabschnitte entweder annageln oder anschrauben.

5 Das Schwartenbrett umdrehen, damit die Rinde nicht sichtbar ist. Die Bodenplattenschablone auflegen und den Umriss mit Bleistift nachziehen. Die Bodenplatte aussägen und in der Mitte im Abstand von 3 cm zweimal durchbohren. Den Dachlattenstamm an der Unterseite ebenfalls im Abstand von 3 cm zweimal anbohren. Die Bodenplatte so von unten an den Stamm anschrauben, dass die Rinde sichtbar ist.

Perlensterne in Türkis

→ filigrane Schönheiten

MATERIAL STERN OBEN

- 132 Perlen in Silber, ø 3 mm (= Ps3)
- 48 Glasstifte in Türkis, 7 mm x 2 mm (= GSt)
- 12 Oliven in Silber, 8 mm x 4 mm (= Os)
- Silberdraht, ø 0,3 mm, 1,50 m lang

STERN UNTEN

- 24 Wachsperlen in Türkis, ø 3 mm (= WPt3)
- 96 Perlen in Silber, ø 4 mm (= Ps4)
- 24 Glasstifte in Türkis, 7 mm x 2 mm (= GSt)
- Silberdraht, ø 0,3 mm, 1,40 m lang

VORLAGE SEITE 142

Stern oben

1 12 Ps3 auf den Draht fädeln, zu einem Ring formen, das kurze Drahtende verdrehen und zurückfädeln.

2 1 Ps3, 1 GSt, 3 Ps3, 1 GSt, 3 Ps3 und 1 Os auffädeln. Den Draht straff ziehen, das Drahtende an der Olive entlang zurückspannen, durch die drei bestehenden Ps3 zurückfädeln, 1 GSt, 3 Ps3 und 1 GSt aufziehen und wieder durch die letzte Ps3 fädeln. Am Ring an der gleichen Stelle, wie die Zacke begonnen wurde, den Draht durch die nächste Perle ziehen und die restlichen elf Zacken fädeln.

3 Jede zweite Zacke nach oben biegen und die einzelnen Sternspitzen etwas auseinander ziehen. Das Drahtende verdrehen und zurückfädeln.

Stern unten

1 Auf den Draht 18 Ps4 auffädeln und ein Drahtende nach 10 cm verdrehen und zurückfädeln.

2 Auf das lange Ende 1 Ps4, 1 WPt3, 1 Ps4, 1 GSt, 1 Ps4, 1 WPt3 und 3 Ps4 fädeln. Den Draht straff anziehen und zurücklegen, so entsteht eine Sternspitze. Den Draht durch die bestehende WPt3 ziehen. 1 Ps4 und 1 GSt aufziehen und wieder durch die bestehenden drei Perlen (= 1 Ps4, 1 WPt3 und 1 Ps4) ziehen. Den Draht am Ring an der gleichen Stelle, an der die Sternspitze begonnen wird, durch die nächste Perle ziehen und elf weitere Sternspitzen genauso auffädeln.

3 Das Drahtende verdrehen und über mehrere Perlen zurückfädeln.

Merry Christmas

→ Weihnachtsmann im Sessel

MATERIAL

- Fotokarton in Hellbraun und Dunkelrot, je A3
- Fotokarton in Weiß, A4
- Fotokartonreste in Hautfarbe, Schwarz und Gold

VORLAGE SEITE 159

1 Alle Motivteile auf den entsprechenden Fotokarton übertragen und ausschneiden. Die Umrisse der Einzelteile noch einmal mit Filzstift in Schwarz nachfahren und gemäß Abbildung zusammenkleben.

2 Die Gesichtslinien und die Faltenbildung an der Kleidung aufmalen. Die Augen und die Teddynase mit Filzstift in Schwarz, die Schleife, die Innenseiten der Teddyohren und die Zunge des Weihnachtsmannes mit Filzstift in Pink ausmalen.

3 Zuletzt in die schwarzen Fotokartonaugen von Weihnachtsmann und Teddybär und auf die Fotokartonnase des Teddys mit weißem Lackmalstift Lichtpunkte setzen.

Schneemannwindlicht

→ drei Freunde im Schnee

MATERIAL
- Pappelsperrholz, 8 mm stark, 25 cm x 35 cm
- Astscheibe mit Rinde, ca. 3 cm stark, ø 27 cm
- Kantholz, 1 cm x 1 cm, 18 cm lang
- Konservendose, ø 7,5 cm, 8,5 cm hoch
- Acrylfarbe in Schwarz, Weiß, Orange, Rot, Ocker, Arktisblau, Dunkelblau, Rotviolett, Olivgrün und Braun
- Bast in Natur
- Sand
- Kerze in Rot, ø 5 cm, 6,5 cm hoch
- Klarlack

VORLAGE SEITE 147

1 Das Motiv aussägen, schleifen und bemalen. Zuerst die Flächen bemalen, anschließend die Konturen nochmals nachziehen. Hände und Körperkonturen der kleinen Schneemänner mit verdünnter, brauner Farbe betonen und mit einem Papiertuch etwas verwischen. Gesichter mit wasserfesten Filzstiften aufmalen, die Wangen mit Buntstiftspänen röten. Die Bemalung auf dem Hut des großen Schneemanns mit einem trockenen Pinsel mit weißer Acrylfarbe auftragen.

2 Auf die Astscheibe die Ilexblätter malen. Die Dose arktisfarben grundieren. Das Motiv mit Kohlepapier übertragen und aufmalen. Nach dem Trocknen die Schneemänner, die Astscheibe, das Kantholz und die Dose mit Klarlack überziehen.

3 Nach dem Trocknen das Kantholz gemäß der Abbildung auf die Astscheibe leimen und trocknen lassen. Dann die Schneemänner daran leimen. Die Dose mit Sekundenkleber auf die Astscheibe kleben. Um die Dose den Bast binden und verknoten. Mit Sand füllen und mit der Kerze dekorieren.

Schneemann

→ Futterstelle

MATERIAL

- je 1 Tontopf, ø 17 cm und ø 11 cm
- glasierter Untersetzer, ø 11 cm
- Styroporkugel, ø 12 cm
- Acrylfarbe in Weiß, Gelb und Hellblau
- Strukturschnee in Weiß
- Formfilzrest in Orange
- Filz in Blau, 60 cm x 9 cm
- Rundholzstab, ø 1 cm, 8 cm lang
- Astknopf, ø 4,5 cm, 5 mm stark
- Papierdraht in Gelb, ø 2 mm, 12 cm
- Ast, ø 8 mm, 24 cm
- Bohrer passend zum Ast, hier ø 8 mm
- Modelliermasse
- Holzbohrer, ø 0,2 mm
- Vogelfutter
- Meisenknödel

VORLAGE SEITE 133

1 Auf den zwei gegenüberliegenden Seiten des Tontopfes, ø 17 cm, zwei Bohrungen, ø 8 mm, für die Arme anbringen. Den Tontopf bis auf den Rand hellblau, den kleineren Tontopf fliederfarben, den Rand weiß bemalen. Auf den Rand Streifen in Flieder malen. Den Untersetzer auf der Außenseite blau bemalen. Die Styroporkugel weiß malen. Nach dem Trocknen den Strukturschnee auftragen.

2 Das Gesicht frei Hand aufmalen, die Wangen mit Buntstift röten. Die Nase aus Formfilz nach Vorlage zuschneiden und aufkleben. Den Rundholzstab in die Öffnung des Tontopfes leimen und trocknen lassen. Den Kopf anbringen, so dass der Hals ca. 2 cm lang ist. Den Hut und den Untersetzer ankleben.

3 In den Astknopf zwei Bohrungen, ø 2 mm, anbringen, den Papierdraht in zwei gleiche Teile schneiden, die Enden des Drahtes zum Drehen der Spiralen um einen Stift wickeln und wieder abziehen. Anschließend in die Öffnungen des Knopfes kleben, den Knopf mit Holzleim nach Abbildung am Tontopf befestigen.

4 Den Ast für die Arme halbieren und die Arme einkleben. Die Modelliermasse 5 mm dick ausrollen und acht Sterne nach Vorlage mit dem Cutter ausschneiden und nach Herstellerangaben härten. Anschließend die Sterne mit gelber Acrylfarbe bemalen und um den Rand des großen Tontopfes kleben. In den blauen Filzschal 4 cm lange und 1 cm breite Fransen schneiden. Den Schal um den Hals des Schneemanns binden. Vogelfutter in den Hut füllen und die Meisenknödel an die Arme hängen.

Schirmchen als Futterstelle

→ hübsch

1 Von dem Teesieb mit einer Metallsäge den Griff absägen. Zwei Holzkugeln bis zur Hälfte, eine Kugel komplett durchbohren und nach Abbildung lasieren. Den Metallstab mittig durch das Teesieb stechen und auf der Unterseite mit Holzleim die Halbkugel an das Sieb kleben. Anschließend eine halb gebohrte Kugel auf den Metallstab kleben. Am oberen Ende des Metallstabes im Abstand von 5 mm zueinander zunächst die durchgebohrte, dann die halbgebohrte Kugel festkleben.

2 Mit Decopatchkleber den Lampenschirm einstreichen, das Decopatchpapier darauf legen und mit dem Pinsel Kleber auf das Papier auftragen. Gut trocknen lassen. Um den Rand des Lampenschirmes das Papier passend schneiden (ca. 5 mm stehen lassen), das Papier nochmals mit Kleber einstreichen und umbiegen. Nachdem das Schirmchen getrocknet ist, wird es zwischen den beiden Holzperlen befestigt. In die obere Holzkugel den Schraubhaken eindrehen und die Futterstelle mit der Kordel aufhängen.

MATERIAL

- Schirmchen aus Laternenfolie, 5 cm hoch
- 2 Verschlussknöpfe für Laternen
- Decopatchpapier in Blau mit Mustern, 5 cm x 5 cm
- Alustab in Silber, ø 4 mm, 20 cm lang
- 3 Holzperlen, ø 1,5 cm
- Holzhalbperle, ø 3 cm
- Decopatchkleber
- Decopatchlack
- Teesieb aus Metall, ø 7 cm
- Metallsäge
- Schraubhaken als Aufhängung
- Holzlasur in Blau und Türkis
- Holzbohrer, ø 4 mm
- Kordel in Natur, ø 2 mm, 50 cm lang

Der vierte Advent

Advent, Advent, ein Lichtlein brennt, erst eins, dann zwei, dann drei, dann vier ...

Nun dauert es nicht mehr lange, bis die ganze Familie gemeinsam unter dem Weihnachtsbaum sitzt und die Geschenke auspackt. Zeit also, um mit einer fantastischen Weihnachtsbaumdeko zu beginnen. Basteln Sie strahlende Weihnachtskugeln und Baumanhänger. Oder fertigen Sie eine wunderbare Krippe an, bei der die gesamte heilige Familie nicht fehlen darf und die allen den Sinn des Weihnachtsfestes vor Augen führt.
Dazu und zu vielem anderen finden Sie tolle Ideen auf den folgenden Seiten.

Hallo, Winter!

→ Schneekugeln

MATERIAL
- teilbare Kunststoffkugel, ø 12 cm
- Einlegescheibe, ø 12 cm
- Windowcolor-Konturenfarbe in Weiß
- Windowcolor in Frost, Glittereis, Weiß und Hellblau

VORLAGE SEITE 147

1 Mit der Konturenfarbe in Weiß gemäß der Vorlage die Konturen auf die Einlegescheibe malen.

2 Nach dem Trocknen die Flächen laut Abbildung ausmalen und nochmals gut trocknen lassen.

3 Die Einlegescheibe in die Kugel legen und diese zusammenfügen.

Tipp: Malen Sie die Motive in kräftigeren Farben. Dadurch wirken sie farbenfroher und gefallen auch Kindern sehr gut.

Lustige Weihnachtsmänner

→ bunt

MATERIAL KARTE

- Aquarellpapier, 16,2 cm x 11,7 cm
- Shadow- oder Mask-Liner (Konturen-Liner) mit aufgeschraubter Feindüse, ø 0,5 mm
- Shadow Paint-, Art Acryl Aqua- oder Aquarellfarben in Echtrot, Siena gebrannt, Azurblau, Ultramarinblau, Hautfarbe und Echtgelb

ANHÄNGER

- Aquarellpapier, 14 cm x 10 cm
- Shadow- oder Mask-Liner (Konturen-Liner) mit aufgeschraubter Feindüse, ø 0,5 mm
- Shadow Paint-, Art Acryl Aqua- oder Aquarellfarben in Rot, Hautfarbe, Azurblau und Smaragdgrün

VORLAGE SEITE 160

Karte

1 Das Aquarellpapier auf die Vorlage legen, evtl. an ein Fenster halten oder auf einen Leuchttisch legen. Die Konturen mit dem Konturen-Liner nachziehen. Cirka eine halbe Stunde lang trocknen lassen. Nun die abgegrenzten Flächen gemäß Abbildung mit einem Pinsel ausmalen.

2 Für hellere Flächen die Farbe mit etwas Wasser verdünnen. Alles gut trocknen lassen und dann die Konturenfarbe vorsichtig mit dem Finger abrubbeln. So entstehen die hellen Linien zwischen den Farbflächen.

Anhänger

Das Aquarellpapier zu einer Doppelkarte, 7 cm x 10 cm, falten. Den Anhänger wie die Karte arbeiten.

MATERIAL ROTE FALTKARTE MIT STERNEN
- Tonpapier in Rot, A4
- Tonpapierreste in Weiß und Gold
- Motivlocher: Stern, ø 1,5 cm

KARTE IN CREME UND GRÜN
- Künstlerkarton in Creme, A4 (Form C)
- Tonpapier in Grün, A4 (Form C)
- Konturensticker in Gold: Frohe Festtage, gewellte Bordüren und Sterne

ROTE AUFSTELLKARTE
- Künstlerkarton in Rot, A4
- Fotokartonrest in Gold
- Konturensticker in Gold: Frohe Weihnachten, gewellte Bordüren und Sterne

VORLAGE SEITE 148

Raffiniert gefaltet

→ diese Karten machen neugierig

Rote Faltkarte mit Sternen

1 Aus dem roten Tonpapier ein 18 cm x 18 cm großes Quadrat ausschneiden und einmal in der Mitte zur Hälfte und einmal diagonal falten. Dann nochmals diagonal falten.

2 Nun bei beiden weißen Sternen zunächst die Innenteile herausschneiden. Die Sterne dann auf das goldene Papier kleben und die Konturen sauber nachschneiden.

3 Die Sterne wie abgebildet deckungsgleich platzieren und die Karte mit einigen ausgestanzten goldenen Sternen verzieren.

Karte in Creme und Grün

1 Zunächst das Sternmotiv mit dem Cutter aus der Kartenvorderseite herausschneiden. Alle Zacken des Sterns mit der Bordüre verzieren.

2 Dann die grüne Karte nur am Falz in die cremefarbene kleben.

3 Etwas Tonpapier zur Hälfte legen, den kleinen Stern ausschneiden und am Falz fixieren.

4 Zum Schluss die Konturensticker aufkleben.

Rote Aufstellkarte

1 Die Karte gemäß Vorlage zuschneiden und mittig falten.

2 Den goldenen Stern ausschneiden, mit der Bordüre umranden und in die vorgegebenen Schlitze stecken.

3 Zum Schluss die Karte mit dem Schriftzug und den Sternen dekorieren.

Zweifarbige Perlen-Lichtschalen

→ verbreiten festliche Stimmung

1 Alle Kreise gemäß Basisanleitung auf Seite 124 falten.

2 Das rote bzw. grüne Teil nicht wenden, die ZS. bei 2,9 cm schneiden. Den Stern ausbreiten, so dass der Mittelfalz der Zacken als Tal-Falte liegt. Die Zacken so weit wie möglich zur Mitte hin falten und wieder öffnen. Den Mittelfalz der Zacken bis zum Querfalz einschneiden. Das Teil wenden, die große Achteck-Schablone auflegen (Talfaltenmarkierungen beachten!) und die Umrisse mit dem Prägestift prägen. An der geprägten Linie entlang die Falten nach oben biegen (siehe Punkt 4 und Abb.).

3 Das goldene Teil ausgebreitet so hinlegen, dass die Papiervorderseite zu sehen ist. Die Rundungen von Talfalte zu Talfalte mit dem Cutter begradigen, so dass ein Achteck entsteht. Achtung: Das Teil nicht versehentlich wenden! Die Schablone auflegen (Talfaltenmarkierungen beachten!) und die Umrisse prägen.

4 Die goldenen Teile entsprechend den Falten und der Prägung auf die bunten Teile kleben (evtl. vorher korrigieren, die goldenen Teile sollten etwas kleiner sein als das Achteck der Zacken-Querfalten). Die Teile an den Prägelinien entlang senkrecht nach oben biegen (siehe Abb.). Die beiden Dreiecke einer Zacke übereinander kleben. Die Perlen wie abgebildet aufkleben.

5 Das Teelicht einsetzen.

MATERIAL PRO SCHALE

- Tonpapier in Rot bzw. Grün, 26 cm x 26 cm
- Alu-Bastelfolie mit Sternenmuster in Gold, 20 cm x 20 cm
- 8 Wachsperlen in Gold, ø 6 mm
- Teelicht

ZUSCHNITT

- Kreis in Rot bzw. Grün, ø 25 cm
- Kreis in Gold, ø 19 cm

VORLAGE SEITE 149

Weihnachtsmann zwischen Tannen

→ von drauß' vom Walde

MATERIAL WEIHNACHTSMANN

- Alu-Bastelfolie (Farbe beliebig), 0,15 mm stark
- Glanzlack in Karminrot, Weiß, Hautfarbe und Schwarz
- feiner Lackmalstift in Schwarz (Augen)
- Aludraht, ø 2 mm, 2 x 10 cm lang (Beine)
- Rohholzhalbperle, ø 6 mm (Nase)
- 2 Marionettenfüße, 2,5 cm x 2 cm

PRO TANNE

- Alu-Bastelfolie (Farbe beliebig), 0,15 mm stark
- Glanzlack in Dunkelgrün und Weiß oder Dispersionsfarbe in Weiß
- Spanndraht in Grün, ø 2 mm, 22 cm lang

VORLAGE SEITE 149

Weihnachtsmann

1 Die Motivteile auf die Folie übertragen und ausschneiden. Vor dem Zusammenkleben in den Rand der Tüte als Saum kurze Linien einprägen.

2 Die Tüte zusammenkleben und rot und weiß bemalen. In das Haar-Bartteil, den Schnurrbart und die Ärmelsäume Linien eindrücken. Die Teile bemalen. Auf das Haar-Bartteil die Holzperlennase und den Schnurrbart kleben. Das Haar-Bartteil und das Armteil an den Rumpf kleben.

3 An der runden Befestigungsplatte für die Beine die vier Klebeflächen an den gestrichelten Linien nach oben klappen. Durch zwei Löcher einen Aludraht (gepunktete Linie) als Bein stecken und zurechtbiegen. Auf die beiden Drahtenden den schwarz bemalten Marionettenfuß kleben. Das zweite Bein ebenso arbeiten. Den Draht schwarz bemalen. Die Befestigungsplatte in den Rumpf kleben.

Tannen

1 Den Draht wie auf der Vorlagenseite abgebildet zurechtbiegen.

2 Die drei Baumteile jeweils doppelt ausschneiden. Alle Teile beidseitig grün bemalen.

3 Auf den Drahtstamm zuerst beidseitig die beiden größten Zweigteile ankleben (durchgezogene Linie). Darauf die beiden mittleren (gestrichelte Linie) und darauf die oberen Zweigteile (Strichpunktlinie) kleben.

4 Für den Schnee-Effekt an den Zweigrändern den Pinsel mit weißer Farbe abstreifen.

Treppenhocker

→ Freunde im Frost

MATERIAL

- Pappelsperrholz, 8 mm stark, 47 cm x 35 cm
- Acrylfarbe in Weiß, Schwarz, Hautfarbe, Arktis und Orange
- Plusterstift in Weiß
- 2 Windlichtgläser, ø 5,5 cm, 6 cm hoch
- 2 Teelichter
- 6 Senkkopfschrauben, 3 mm x 2 cm
- Klarlack

VORLAGE SEITE 150

1 Alle Teile aussägen, schleifen und bemalen. Die Gesichter mit wasserfesten Filzstiften malen, die Wangen mit Buntstiftspänen röten und die Pelzbesätze mit dem Plusterstift verzieren. Nach dem Trocknen alle Teile mit Klarlack überziehen und trocknen lassen.

2 Sitzfläche, Beine und Körper des Eskimos je rechtwinklig aufeinanderleimen, zur Stabilisierung Schrauben eindrehen. Die Arme von der Seite anschrauben. Den zusammengeleimten Pinguin und das Gesicht auf den Körper leimen.

3 Auf der Sitzfläche die Windlichtgläser dekorieren.

Tipp: Der Eskimo sieht auch als Zaunfigur lustig aus. Sägen Sie die Sitzfläche etwas schmaler und befestigen Sie ihn mit Schrauben an den Zaunlatten.

Prunkvolle Weihnachten

→ Windlichter, Zapfen und Stern

Windlichter

Die Gläser mit Flimmer entweder streifenweise oder vollflächig bekleben. Dafür zuerst Kraftkleber auftragen, dann den Flimmer vorsichtig darüber schütten. Nach und nach arbeiten und den Flimmer immer auf den noch nassen Klebstoff auftragen. Zur Fixierung die beklebten Gläser im Anschluss mit Haarlack besprühen und zuletzt die Schmucksteine gemäß Abbildung aufkleben.

Zapfen

1 Den Zapfen in Dunkelrot an allen Kanten mit einem Messer ca. 5 mm tief einschneiden. Den Futterstoff für jedes Seitendreieck mit einer Zugabe von 6 mm zuschneiden. Die Dreiecksfläche mit Klebstoff bestreichen, das Stoffstück auflegen und festkleben. Abstehende Kanten mit einem Messer in die angeschnittenen Spalten drücken. Die anderen Zapfenseite analog arbeiten.

2 Nun alle Kanten mit Wellband bekleben. An jeder Dreiecksfläche je drei verschiedenfarbige Schmucksteine aufkleben. Zum Schluss den Aufhänger oben an die Zapfenspitze in das Styropor eindrücken.

3 Den Zapfen in Rot-Orange wie den Zapfen in Dunkelrot arbeiten, die Flächen jedoch mit zwei verschiedenen Stoffen bekleben. Die Längskanten mit den Schleifenbändern und die Querkanten mit dem Wellenband bekleben. Auf jede Fläche je ein Schmucksteinchen aufkleben.

Stern

1 Mit dem Innenring beginnen. Die Perlen gemäß Fädelskizze auffädeln. Dabei auch die kurzen Zacken arbeiten. Wenn sich die beiden Drähte wieder treffen, die Glasschliffperle aufziehen und die Drähte auf der gegenüberliegenden Seite fixieren und abschneiden. In die Außenperlen der kurzen Zacken kurze Drahtstücke einziehen und mit der Zange dekorativ nach oben biegen.

2 Für die Querfädelung mit einem neuen Draht die eine Seite der Außenzacke beginnen, durch die bereits gearbeitete Paillette fädeln, die innere Verbindung arbeiten, wieder durch eine bereits gearbeitete Paillette fädeln und die erste Hälfte der nächsten Außenzacke arbeiten. Die äußeren Endstücke mit der Zange zu einer kleinen Schlaufe biegen, um die Perlen zu fixieren und die überstehenden Stücke mit dem Seitenschneider abschneiden.

MATERIAL FÜR ALLE WINDLICHTER

- Glas in Weiß, ø 7 cm, 8 cm hoch
- Haarlack

ZUSÄTZLICH FÜR WINDLICHT MIT STERNEN

- 24 Schmucksterne in Gelb, ø 1,5 cm
- 24 runde Schmucksteine in Gelb, Rosa und Pink, ø 5 mm
- Flimmer in Rot und Violett

ZUSÄTZLICH FÜR WINDLICHT MIT QUADRATEN

- Flimmer in Rot, Violett und Iris-Weiß
- 42 Schmucksteine in Rot, Gelb, Violett, Pink und Rosa, je 5 mm x 5 mm

ZUSÄTZLICH FÜR WINDLICHT MIT VERSCHIEDENEN SCHMUCKSTEINEN

- Flimmer in Violett und Rot
- je 24 bis 30 Schmucksteine in verschiedenen Formen in Rot, Violett, Gelb, Pink und Rosa, ø 5 mm bis ø 8 mm

FÜR ALLE ZAPFEN

- Styropor-Zapfen ca. 6 cm x 15 cm groß
- Kugelhalter in Silber oder Gold, ø ca. 1 cm
- Styroporkleber

ZUSÄTZLICH FÜR ZAPFEN IN DUNKELROT

- Futterstoff in Dunkelrot, 30 cm x 30 cm
- Wellband in Glitter-Rot, 5 mm breit, 1,30 m lang
- 36 längliche Schmucksteine in Rot, Pink, Gelb und Violett, 5 mm x 10 mm

ZUSÄTZLICH FÜR ZAPFEN IN ROT-ORANGE

- Futterstoff in Orange und Dunkelrot, je 15 cm x 30 cm
- Wellband in Silber, 5 cm breit, 80 cm lang
- Schleifenband in Pink und Orange, 4 mm breit, je 50 cm lang
- 24 rechteckige Schmucksteine in Gelb, Rose Violett, Pink und Rot, 4 mm x 6 mm

STERN

- Silberdraht, ø 0,3 mm, 2 m lang
- Glasschliffperle in Violett, ø 1,5 cm
- 90 Reiß-Wachsperlen in Pink, ø 3 mm, 5 mm lang
- 190 Glasstifte in Orange, ø 3 mm
- 60 Pailletten in Violett, ø 5 mm
- 18 Kristallschliffperlen, ø 5 mm

VORLAGE SEITE 148

Weihnachtspost

→ Briefbehälter und Gutschein

RENTIER

- Formfilz in Gelb und Hellblau, je A4
- Formfilzreste in Hellgrün und Rot
- Filzreste in Schwarz, Dunkelrot, Orange und Pink
- Papierdraht in Blau, ø 2 mm, 6 cm lang
- Wollfaden in Rosa, 1 m lang
- Goldglitter
- Konturenschere: Zackenrand

ENGEL

- Fotokartonreste in Hellgrün, Schwarz, Hellblau, Gelb und Hautfarbe
- Tonpapierreste in Orange und Pink
- Transparentpapierrest mit Sternenmuster
- Briefumschlag in Weiß, 11 cm x 8 cm
- Plüschpompon in Rot, ø 7 mm
- 5 Holzwäscheklammern, 7 cm lang

VORLAGE SEITE 151

Rentier

1 Für den Rentierkörper zwei deckungsgleiche Formfilzteile ringsherum mit großen Stichen zu einem am Rücken offenen Beutel zusammennähen. Den Hals an der Rückseite fixieren, darauf den Kopf kleben und hinter diesen das Geweih. Die Beine anbringen und auf diesen das Schaukelteil fixieren. Für den Schwanz eine Schlaufe aus Papierdraht an der Rückseite fixieren.

2 Nase, Zaum und Auge aus Filz aufkleben, Mund und Ohrenlinie aufzeichnen.

3 Für die bunte Satteltasche das rote auf das orange Teil kleben und mit der Zackenschere einen schmalen überstehenden Rand schneiden. Die übrigen Filzteile übereinander auflegen und nur am oberen Rand ankleben. Den Aufhängefaden an den vorgegebenen Punkten fixieren und alles gut trocknen lassen.

4 Mit einem breiten Pinsel einzelne Teile leicht mit Goldglitter bestäuben und danach, damit sie nicht verwischt werden, einige Konturen damit nachziehen.

Engel

1 Zwei Wäscheklammern mit hellblauen Fotokartonstreifen überkleben und zwei mit hellgrünen. Die dunkleren Streifen mit Filzstift aufmalen und Händchen und Schuhe aufkleben.

2 Das Gesicht aufzeichnen, die Wangen einfärben, den Nasenpompon aufsetzen und das orange Haarteil aus Tonpapier ankleben. Die Wäscheklammer mit einem hautfarbenen Streifen überkleben und das fertige Köpfchen daran fixieren. Den Ansatz mit dem blauen Kragen verdecken.

3 Die transparenten Flügel an der Rückseite des Briefumschlages ankleben, das pinkfarbene Herz anbringen und alle Teile dazuklammern.

Krippenfiguren aus Zapfen

→ schnell und einfach

MATERIAL
- 5 Rohholzkugeln, ø 2 cm
- Holzperle, ø 1 cm (Kopf Kind)
- Bastelfilzreste in Glimmer Rot, Glimmer Orange, Glimmer Lila, Weiß, Grün und Rot
- Acrylfarbe in Braun
- Goldlitze, 5 mm breit, 10 cm lang
- 5 Zapfen, ca. 6 cm hoch
- 10 kleine Thujazapfen, 1 cm hoch
- Erlenzapfen, 1,5 cm hoch
- halbe Walnussschale

VORLAGE SEITE 150

1 Die Thujazapfen als Füße an die großen Zapfen kleben, so dass die Zapfen stehen bleiben. Eine Holzkugel für Caspar braun anmalen und trocknen lassen. Auf jeden Zapfen eine Holzkugel als Kopf kleben.

2 Zwei Königen ca. 1,5 cm Goldlitze um den Hals kleben. Alle Gewänder anhand der Vorlage ausschneiden, um die Zapfen legen und wie abgebildet festkleben. Je 2 cm Goldlitze zur Krone zusammenkleben und auf den Köpfen der Könige befestigen.

3 Am König mit lilafarbenem Gewand vorne den Erlenzapfen als Geschenk festkleben. Für das Baby die Decke und das Kissen gemäß Vorlage zuschneiden und mit der Holzperle in die Walnussschale kleben.

Tipps: Filz lässt sich am besten mit Heißkleber zusammenkleben.

Sollten Sie keinen Glimmerfilz bekommen, können Sie auch normalen Filz mit Glitter Glue bestreichen.

Weihnachtskarten

→ edel in Rot-Weiß

MATERIAL KARTE MIT LESEZEICHEN

- Fotokarton in Weiß, 15 cm x 22 cm
- Fotokartonrest in Dunkelrot
- Wellpapperest in Rot
- Silberdraht, ø 0,25 mm, 35 cm lang
- Schleifenband in Rot-Weiß kariert, 5 mm breit, 28 cm lang
- Lackmalstift in Silber
- Motivlocher: Herz, ø 1,5 cm

KARTE MIT DREI STERNEN

- Fotokarton in Weiß, 15 cm x 22 cm
- Fotokartonreste in Rot, Orange und Gelb
- Blumendraht in Braun, ø 0,3 mm, 18 cm lang

KARTE MIT GROSSEM STERN

- Fotokarton in Dunkelrot, 15 cm x 22 cm
- Fotokartonrest in Grün
- Tonpapier in Weiß, 11 cm x 15 cm
- Lackmalstift in Gold

VORLAGE SEITE 152

Karte mit Lesezeichen

1 Lesezeichen und Herz zuschneiden. Mit einem Cutter die Schlitze nach Vorlage in die Karte schneiden. Das Herz mit Silberdraht umwickeln und mit Klebstoff auf dem Lesezeichen befestigen.

2 Mit der Lochzange ein Loch für das Schleifenband ausstanzen. Das Schleifenband hindurchziehen und verknoten. Das kleine Herz ausstanzen.

3 Mit dem Lackmalstift Sterne auf die Karte malen.

Karte mit drei Sternen

1 Mit einem schwarzen Filzstift frei Hand den Schriftzug auftragen.

2 Mithilfe einer Nadel vier Löcher gemäß Vorlage in die Karte stechen. Den Draht durch zwei Löcher schieben, die drei Sterne auffädeln und den Draht durch die letzten Öffnungen führen. Die Drahtenden um einen Stift wickeln und leicht auseinander ziehen.

Karte mit großem Stern

1 Den Stern von der Vorlage übertragen und mit einem Cutter ausschneiden. Mit dem weißen Tonpapier hinterkleben. Den kleinen Stern in der Mitte befestigen.

2 Mit dem Lackmalstift frei Hand einen Schriftzug auftragen.

Engel

Laut der Weihnachtsgeschichte überbrachten Engel die Kunde von der Geburt Christi an die Hirten und wurden so zum Symbol der Verkündigung.

Mit Kordeln

→ ausgefallen

1 Die Paketschnur zu Beginn mit einer Stecknadel auf die Kugel stecken. Dann die Schnur gemäß der Abbildung zu Ornamenten legen, dabei ca. alle 2 cm auf der Kugel feststecken.

2 Den Tapetenkleister in einem kleinen Eimer anrühren. Das Seidenpapier in ca. 4 cm x 4 cm große Stücke reißen und in mehreren Schichten auf die Kugel kleben. Alles über Nacht trocknen lassen.

3 Dann mit einem Pinsel die Kugel in der entsprechenden Farbe grundieren. Nach dem Tocknen mit einem trockenen Tuch wenig Farbe in Gold aufnehmen und die Gold-Schattierungen anbringen. Mit einem Pinsel die Kordel in Gold bemalen.

Tipp: Wenn Sie das Seidenpapier auf die Kordeln aufbringen, sollten Sie besonders bei den Kordelübergängen darauf achten, dass sich keine Luftblasen bilden. Streichen Sie das Seidenpapier immer wieder mit den Fingern glatt.

MATERIAL
- Styroporkugel, ø 7 cm
- Bogen Seidenpapier in Weiß
- Acrylfarbe in Gold, Rot, Rosa, Violett bzw. Orange
- dicke Paketschnur von der Rolle
- Stecknadeln ohne Kopf
- Tapetenkleister
- trockenes Tuch

Eisige Schönheiten

→ dezent und edel in Grau, Blau und Silber

MATERIAL QUADRAT-KARTE MIT PRÄGESTERN

- Wellpappe in Weiß, A4 (Form B)
- Tonpapierrest in Blau
- Metallfolienrest in Silber
- Sizoflorrest in Silber
- Kontursticker in Silber: Frohe Festtage
- Prägestift und weiche Unterlage, z. B. Filz

BLAUE KARTE MIT FILZ-STERNEN

- Künstlerkarton in Blau, A4 (Form C)
- Tonpapier in Silber, A5
- Filzrest in Weiß
- 3 Perlen in Silber, ø 8 mm
- Silberdraht, ø 0,3 mm, ca. 40 cm lang

GRAUE KARTE MIT WINTER-LANDSCHAFT

- Künstlerkarton in Grau, A4 (Form C)
- Tonpapierreste in Weiß und Silber
- Architektenpapier-rest
- Schleifenband in Silber, 5 mm breit, 65 cm lang
- Motivlocher: Tanne, ca. 2 cm hoch
- Plusterstift in Weiß

VORLAGE SEITE 152

Quadratkarte mit Prägestern

1 Die Metallfolie mit der Oberseite nach unten auf eine weiche Unterlage legen und ohne Vorlage ein einfaches Kreismuster einprägen.

2 Einen Stern aus dem blauen Tonpapier, den anderen aus der geprägten Metallfolie ausschneiden.

3 Dann das Sizoflor unregelmäßig ausschneiden, mit doppelseitigem Klebeband auf der Karte befestigen und beide Sterne versetzt übereinander in der Mitte der Karte fixieren.

4 Nun noch den Schriftzug anbringen.

Blaue Karte mit Filzsternen

1 Das Tonpapier an einer Seite in Form reißen und wie abgebildet auf die Karte kleben. Überstehende Ränder mit der Schere korrigieren.

2 Die Filzsterne zusammen mit den Perlen auf den Silberdraht reihen. Die Drahtenden innen im Vorderteil der Karte mit etwas Klebefilm befestigen. Die Sterne zusätzlich noch mit doppelseitigem Klebeband fixieren.

Graue Karte mit Winterlandschaft

1 Zunächst das ausgerissene Architektenpapier wie abgebildet an den Rändern auf die Karte kleben. Dann drei ca. 2,5 cm x 11 cm lange Streifen aus dem weißen und silbernen Tonpapier ausreißen und etwas übereinander versetzt auf dem Architektenpapier fixieren. Überstehende Ränder mit der Schere korrigieren.

2 Das Band rund um die Karte kleben und die ausgestanzten Tannen auf der Karte fixieren, zum Teil mit Klebekissen.

3 Mit dem Plusterstift viele Schneeflocken auf der Karte tanzen lassen.

Eine nette Begrüßung

→ die Arbeit lohnt sich

MATERIAL
- Sperrholz, 1 cm stark, 50 cm x 32 cm
- Acrylfarbe in Metallic-Gold, Weiß, Hautfarbe, Zartrosa, Tannengrün und Antikgrün
- Rohholzhalbkugel, ø 3,4 cm
- Holzlatte, 1 cm stark, 4 cm x 60 cm
- Messingblech, 0,2 mm stark, 20 cm x 20 cm
- Plusterstift in Gold
- Iris-Flitter
- Bindedraht, ø 0,35 mm
- Papierdraht in Natur, ø 2 mm
- 10er-Mini-Lichterkette in Weiß (Innenbereich)
- Bohrer, ø 1 cm

VORLAGE SEITE 153

1 Den Sternenkranz sowie den Kopf samt Kragen aus dem Sperrholz aussägen. Die Sperrholzteile, die Rohholzhalbkugel und die Holzlatte anmalen. Dabei die Holzlatte mit jeweils 10 cm breiten Streifen abwechselnd in Metallic-Gold und Antikgrün versehen. Nach dem Trocknen sämtliche Innenlinien ergänzen.

2 Den Sternenkranz und den Kragen mit Plusterstift umranden und sofort mit Iris-Flitter bestreuen. Nach dem Trocknen die Nase sowie den Sternenkranz von hinten ankleben. Den fertigen Kopf auf der Latte befestigen.

3 Für das Einstecken der Lichterkette den Sternenkranz und den Kragen gemäß Vorlage mit dem Bohrer durchbohren.

4 Drei Papierdrahtstücke mit Bindedraht umwickeln, die Drahtenden abkneifen und die Papierdrahtstücke locken. Die Haarpracht am Kopf anbringen.

5 Die Lichter von hinten durch die gebohrten Löcher stecken und fixieren. Das Kabel auf der Rückseite zusammenbinden. Zum Schluss die Flügel aus Messingblech auf der Rückseite festkleben.

Malerische Engel

→ himmlisch

MATERIAL SINGENDE ENGEL

- Aquarellpapier, 18 cm x 17 cm
- Shadow- oder Mask-Liner (Konturen-Liner) mit aufgeschraubter Feindüse, ø 0,5 mm
- Shadow Paint-, Art Acryl Aqua- oder Aquarellfarben in Hautfarbe, Siena gebrannt, Echtgelb, Azurblau, Rosé und Violett

ENGELKARTE

- Aquarellpapier, 17,5 cm x 18 cm
- Shadow- oder Mask-Liner (Konturen-Liner) mit aufgeschraubter Feindüse, ø 0,5 mm
- Shadow Paint-, Art Acryl Aqua- oder Aquarellfarben in Hautfarbe, Echtgelb, Ultramarinblau und Violett

VORLAGE SEITE 160

Singende Engel

1 Das Aquarellpapier auf die Vorlage legen, evtl. an ein Fenster halten oder auf einen Leuchttisch legen. Die Konturen mit dem Konturen-Liner nachziehen. Nach ca. 25 Minuten die abgegrenzten Flächen gemäß Abbildung mit einem Pinsel ausmalen. Für hellere Flächen die Farbe mit etwas Wasser verdünnen.

2 Alles gut trocknen lassen und dann die Konturenfarbe vorsichtig mit dem Finger abrubbeln. So entstehen die hellen Linien zwischen den Farbflächen. Zuletzt das Motiv ausschneiden und am Fenster dekorieren.

Engelkarte

Das Aquarellpapier zu einer Doppelkarte, 17,5 cm x 9 cm, falten. Die Karte wie das Fensterbild arbeiten. Für die Wolken dem Blau viel Wasser beimengen. Bei dem Kleid des Engels die Farbe am linken Rand unverdünnt auftragen und nach außen hin mit Wasser verdünnt auftragen.

Windowcolor-Sterne

→ gelingen auch Anfängern

MATERIAL FÜR ALLE STERNE
- Windowcolor-Konturenfarbe in Silber
- Adhäsionsfolie, 0,15 mm stark
- Haarpinsel, z. B. Nr. 8 (um den Malglitter aufzutragen)
- Zahnstocher
- Wattestäbchen und Küchentuch

ZUSÄTZLICH FÜR STERN LINKS OBEN IN BLAU
- Windowcolor in Kristallklar, Arktis und Hellblau
- Malglitter in Silber

ZUSÄTZLICH FÜR KLEINEN STERN OBEN IN DER MITTE IN WEISS
- Windowcolor in Kristallklar und Weiß
- Malglitter in Silber
- Glitter Glue in Silber

ZUSÄTZLICH FÜR STERN RECHTS OBEN IN BLAU
- Windowcolor in Kristallklar, Arktis und Ultramarinblau
- Malglitter in Silber

ZUSÄTZLICH FÜR GROSSEN STERN IN WEISS
- Windowcolor in Weiß und Glittereis

ZUSÄTZLICH FÜR STERN LINKS UNTEN IN VIOLETT
- Windowcolor in Lavendel und Violett
- Malglitter in Silber
- Glitter Glue in Silber

ZUSÄTZLICH FÜR STERN RECHTS UNTEN IN WEISS
- Windowcolor in Kristallklar und Weiß
- Malglitter in Silber

VORLAGE SEITE 154+155

1 Den gewünschten Stern fotokopieren und die Adhäsionsfolie auf die Kopie legen. Mit der Konturenfarbe die Linien nachziehen. Dabei sollte die Spitze der Farbflasche die Folie nicht berühren. Die Konturenfarbe mehrere Stunden trocknen lassen.

2 Beim Ausmalen der Innenflächen zuerst die Kontur einer Innenfläche mit der Windowcolor-Farbe nachziehen. Dann in einer Ecke beginnend die Farbe in kreisenden Bewegungen auftragen. Ist die Fläche mit Farbe gefüllt, wird sie nochmals mit einem Zahnstocher in kleinen, kreisenden Bewegungen durchgearbeitet. Dadurch entsteht eine gleichmäßige, glatte Farbfläche. Die anderen Flächen ebenso ausmalen und die Farbe trocknen lassen. Bitte beachten, dass Windowcolor-Farben eine längere Trocknungszeit als die Konturenfarbe haben.

3 Bei einigen Sternen Malglitter aus der Flasche auf die trockenen Farbflächen auftragen und mit dem Pinsel verteilen.

4 Bei zwei Sternen werden die silbernen Konturen zusätzlich mit Glitter Glue übermalt und Punkte in die Farbflächen getupft.

5 Den fertigen Stern mit der Schere ausschneiden und am Fenster glatt streichen.

Tipp: Wird eine Innenfläche aus Versehen mit einer falschen Farbe ausgemalt, so können Sie die Farbe mit einem Wattestäbchen und einem leicht angefeuchteten Küchentuch entfernen und neu ausmalen.

Apfelgrüne Kugeln

→ Baumschmuck mit Pep

MATERIAL

- matte Weihnachtskugel in Hellgrün, ø 10 cm
- Windowcolor-Konturenfarbe in Weiß
- Windowcolor in Weiß und Glittereis
- Malfolie

VORLAGE SEITE 153

1 Zuerst die Konturen der Motive mit der Konturenfarbe direkt auf die Malfolie aufbringen und trocknen lassen.

2 Anschließend die Motive gemäß der Abbildung ausmalen.

3 Die Windowcolor-Motive vorsichtig von der Malfolie lösen und nach Belieben auf der Kugel dekorieren.

Tipp: Motive aus Windowcolor passen zu jeder Kugelfarbe. So können Sie zum Beispiel alten Weihnachtskugeln einen neuen Anstrich geben.

Weihnachtsduo

→ Santa Claus und Rudolph

MATERIAL WEIHNACHTSMANN
- Baumstamm, ø 15 cm, ca. 54 cm hoch
- Acrylfarbe in Weiß, Aprikose, Rot und Schwarz
- Ölkreide in Weiß, Grau und Grün
- Moosgummi in Weiß und Rot, 2 mm stark, je A3
- Moosgummi in Schwarz, 2 mm stark, A5
- Moosgummirest in Grün, 2 mm stark
- 3 Wattekugeln, ø 2 cm
- Rohholzhalbkugel, ø 2,5 cm
- 2 Chiffonbänder in Rot, 1,5 cm breit, je 1 m lang

RENTIER
- Baumstamm, ø 13 cm, ca. 50 cm hoch
- Acrylfarbe in Weiß, Cappuccino, Braun und Schwarz
- Ölkreide in Weiß, Orange und Braun
- Moosgummi in Orange und Dunkelbraun, 2 mm stark, je A4
- Moosgummi in Beige, Rot und Mittelbraun, 2 mm stark, je A5
- Moosgummirest in Weiß, 2 mm stark
- Glitterstift in Silber
- Pompon in Rot, ø 4 cm
- Fleecestoff in Orange, 25 cm x 110 cm

VORLAGE SEITE 155+156

Tipp: Mit der abnehmbaren Mütze kann dieser Weihnachtsgeselle prima Platz sparend ins Sommerquartier.

Rentier

1 Die Schnittfläche des Baumstamms in Cappuccino grundieren und das Gesicht aufmalen.

2 Die zugeschnittenen Moosgummiteile mit der Ölkreide schattieren und die Zierlinien mit dem Glitterstift aufmalen. Das Maul zusammensetzen und dann komplett auf den Baumstamm kleben.

3 Die Ohren und die Geweihteile der abnehmbaren Mütze zwischen die Mützenteile kleben. Abschließend die Mütze aufsetzen und den dicken Schal umbinden.

Tipp: Natürlich können Sie dem Rentier auch einen ausgedienten Schal umbinden.

Weihnachtsmann

1 Die Schnittfläche des Baumstamms in Aprikose grundieren, mit roter Acrylfarbe brushen und das Gesicht aufmalen.

2 Die nach Vorlage zugeschnittenen Moosgummiteile mit Ölkreide schattieren und zusammensetzen. Die Rohholzhalbkugel rot anmalen und als Nase aufkleben. Den gesamten Bart auf die Schnittfläche setzen.

3 Das eine Chiffonband um den Baumstamm legen und seitlich verknoten. Das zweite Band zur Schleife legen, in das andere einbinden und die Handschuhe in unterschiedlicher Länge anknoten. Die rot bemalten Wattekugeln auf die Ilexblätter kleben und alles auf der Schleife fixieren.

4 Die abnehmbare Mütze gemäß Vorlage zusammenfügen und dem Weihnachtsmann aufsetzen.

Flache Foliensterne

→ zieren jedes Fenster

MATERIAL PRO STERN MIT GEPRÄGTER BASTELFOLIE

- Alu-Bastelfolie mit eingeprägten Sternchen in Silber bzw. Hellblau, 10 cm x 10 cm (Einzelstern) bzw. 20 cm x 10 cm (Doppelstern)

PRO GEFALTETEM STERN

- zweifarbige Alu-Bastelfolie, 15 cm x 15 cm

VORLAGE SEITE 157

Sterne mit geprägter Bastelfolie

1 Die Sternvorlage abpausen oder fotokopieren, auf Karton aufkleben und mit dem Cutter ausschneiden. Dabei neben den Dreiecken in den Zacken auch die sechseckigen Innenflächen herausschneiden. Die Schablone auf die Alu-Bastelfolie legen und die Konturen mit Bleistift nachziehen. Für den Innenstern die gestrichelten Linien mit dem Cutter nachschneiden, dann die Zacken aufklappen. Auf diese Art und Weise wird der einfache blaue Stern oben in der Mitte gearbeitet. Für die anderen Sterne aus der Bastelfolie mit den eingeprägten Sternchen werden jeweils zwei Sterne versetzt aufeinander geklebt.

2 Dabei beim kleinen blauen Stern links oben einmal nur den Umriss ausschneiden. Beim zweiten Stern die Mitte aufklappen. Beide Sterne versetzt aufeinander kleben.

3 Für den silbernen Stern links im Bild den Stern von Punkt 1 zweimal ausschneiden, aber nur bei einem Stern die Mitte aufklappen.

4 Für den kleinen blauen Stern links unten nur bei einem Stern die Zacken, aber bei beiden Sternen die Mitte aufklappen.

Tipp: Auf der Vorlagenseite finden Sie nur die Vorlage zu einer Sterngröße. Für etwas kleinere oder größere Sterne kopieren Sie die Vorlage bitte einfach mit einem Verkleinerungs- oder einem Vergrößerungsfaktor.

Gefaltete Sterne

1 Das Folienquadrat in der Mitte falten (Zeichnung 1). Die beiden unteren Ecken entlang der gestrichelten Linien nach oben und zur Mitte (Strichpunktlinie) falten (Zeichnung 2). Nun die rechte Hälfte des Dreiecks entlang der jetzt verdeckten Strichpunktlinie nach hinten umklappen (Zeichnung 3).

2 Auf das entstandene kleine Dreieck die Schablone legen (Zeichnung 4 und 5). Entweder die Konturen mit Bleistift aufzeichnen oder mit dem Cutter direkt an der Schablone entlang schneiden. Achtung: Nur die durchgezogenen Linien sind Schnittlinien.

3 An den kurz gestrichelten Linien werden die geschnittenen Stege umgeklappt. Kleine gebogene Pfeile markieren die Faltrichtung. Den Stern auffalten.

Krippe aus Bastelfilz

→ schnell verpackt und weggeräumt

MATERIAL

- Bastelfilz in Dunkelblau, 60 cm x 50 cm,
- Bastelfilz in Türkis, 2 x A4
- Bastelfilz in Frühlingsgrün, Moosgrün, Gelb und Rot, je A4
- Bastelfilzreste in Violett, Orange und Weiß
- 10 Pompons in Weiß, ø 7 mm
- Glitzerfaden in Schwarz-Bunt
- Filzwolle in Weiß, Schwarz, Braun und Grau
- Filznadel
- Schwamm-Unterlage zum Filzen
- 5 Kiefernzapfen, ø 4 cm bis 5 cm, ca. 5 cm bis 6 cm hoch
- Kiefernzapfen, ø ca. 2 cm, ca. 3 cm hoch (Körper Kind)
- Goldschnur, ø 1 mm, 6 x 15 cm lang
- Metallfolienrest in Gold
- 6 Zahnstocher
- 4 Schaschlikstäbchen, ø 4 mm, 26 cm lang
- 4 Holzperlen in Rot, ø 1 cm
- Dschungelmoos in Grün
- 6 Häkchen mit Ösen
- Vlieseline, doppelklebend, 60 cm x 50 cm
- Textilkleber oder transparenter Kraftkleber
- Acrylfarbe in Gelb
- Füllwolle oder Watte
- Nähgarn und Nähnadel

VORLAGE SEITE 156+157

1 Für die Krippentasche die gesamte Krippenform ohne Zickzackkante aus Filz in Dunkelblau zuschneiden, auf Vlieseline aufbügeln, die Reste der Vlieseline abschneiden und die Trägerfolie abziehen.

2 Die Schaschlikstäbchen gelb anmalen, die roten Perlen an den Spitzen aufkleben.

3 Vom türkisfarbenen Filz zwei Stücke à 23 cm x 20 cm zuschneiden, vom dunkelblauen und grünen Filz je ein Quadrat à 20 cm x 20 cm zuschneiden. Die am Stück ausgeschnittene Zickzackkante und die vier Schaschlikstäbchen an den markierten Stellen auf die blaue Gesamtform kleben.

4 Die sechs Streifenringe, je 17 cm lang und 4 cm breit, aus moosgrünem, rotem und violettem Filz zuschneiden, die Sterne aufkleben und an den Enden die Häkchen und Ösen annähen. Die Sterne, den Giebel und den Stern im Kreis auf die dunkelblauen, türkisfarbenen und roten Filzflächen kleben und mit Glitzerfaden im Steppstich verzieren.

5 Den roten Bogen und die beiden türkisfarbenen Filzstücke auf die Krippenform aufbügeln und ankleben. Die Schaschlikstäbchen schauen nur noch oben heraus. Dann das dunkelblaue und das grüne Quadrat auf die dunkelblaue Gesamtform aufbügeln und aufkleben. Die Streifenringe an den markierten Stellen aufkleben.

6 Für die Köpfe von Maria, Josef und einem König aus weißer Wolle drei Kugeln, ø ca. 2,5 cm, und für das Jesuskind eine Kugel, ø 1,5 cm, filzen. Dazu aus Filzwolle eine Kugel formen und von allen Seiten so lange mit der Nadel einstechen, bis sie fest wird. Für die beiden anderen Könige je eine Kugel, ø 2,5 cm, aus schwarzer und brauner Wolle filzen. Am weißen und braunen Kopf schwarze Augen anfilzen, am braunen Kopf weiße Lichtpunkte ergänzen. Beim Mohren weiße Augen mit schwarzen Punkten anfilzen. Die Köpfe mit Haaren und Bärten aus ungefilzter Wolle bestücken: Durch Anstechen mit der Nadel wird die Wolle an den Köpfen fixiert. Zur Orientierung die Vorlage und die Abbildung nutzen.

Weihnachten

Advent, Advent, ein Lichtlein brennt, erst eins, dann zwei, dann drei, dann vier, dann steht das Christkind vor der Tür!

Das letzte Türchen am Adventskalender wird geöffnet und alle vier Kerzen am Adventskranz brennen. Die Weihnachtskrippe wird aufgestellt und die schön verpackten Geschenke unter den prächtig geschmückten Baum gelegt.

Vielleicht muss nun noch die eine oder andere Dekoration gebastelt werden und auch der Tisch soll für das große Festessen wundervoll geschmückt werden. Deshalb steckt dieses Kapitel hauptsächlich voller Last-Minute-Ideen und tollen Anregungen für unvergesslichen Weihnachtsschmuck.

Frohe Weihnachten

→ beschriftete Kugeln

1 Die Schriftzüge von Hand mit einem extrafeinen Lackmalstift auf die Kugel aufbringen.

2 Zuerst eine Hälfte der Kugel beschriften, auf einer geeigneten Malunterlage (z.B. Papphülse) trocknen lassen. Anschließend den zweiten Teil der Kugel beschriften.

3 Das Band mit Draht an der Kugel-Öse mittig befestigen und die Bandenden schräg abschneiden. Die Kugel mit einem feinen Golddraht aufhängen.

Tipp: Für weniger geübte Maler die Schrift mit dem PC gestalten. Die Schriftzüge grob ausschneiden, passend in der Größe weißes Schneiderkreidepapier zuschneiden. Mit kleinen Klebebandstückchen die Schriftschablonen auf der Kugel fixieren und übertragen. Mit dem Lackmalstift die Schriftzüge nachmalen.

MATERIAL

- matte Weihnachtskugel in Rot, ø 4 cm, ø 7 cm bzw. ø 8 cm
- Schleifenband in Rot-Weiß kariert, 2,5 cm breit, 10 cm lang
- extrafeiner Lackmalstift in Weiß
- Golddraht, ø 0,3 mm

Nacht- und Goldsterne

→ leuchten um die Wette

MATERIAL
PRO NACHTSTERN

- Alu-Bastelfolienrest in Hellblau mit Sternchen
- Malglitter in Silber
- Silberdraht, ø 0,35 mm, 10 cm lang

PRO GOLDSTERN

- Alu-Bastelfolienrest in Gold mit Sternchen
- Golddraht, ø 0,35 mm, 10 cm lang

VORLAGE SEITE 158

Nachtsterne

1 Auf der Vorlagenseite ist exemplarisch eine 7 cm breite Schablone abgebildet, die man für die anderen beiden Sterne nur um 1 cm in der Breite verkleinern bzw. vergrößern muss. Die Folie nach Schablone zuschneiden und 17-mal zu einem Fächer falten. Den zusammengefalteten Fächer in der Mitte mit der Vorstechnadel zweimal durchstechen. Durch die beiden Löcher den Silberdraht ziehen, die Enden dicht am Fächer viermal miteinander verdrehen und mit dem Seitenschneider kürzen (siehe Vorlagenseite Abb. 1).

2 Die Schablone für die Mittelzacken auf den Fächer legen und nachzeichnen. Mit einem Cutter die Dreiecke ausschneiden und die Fächerenden schräg abschneiden (Abb. 2). Bei dem geöffneten Stern fallen dann die Spitzen und Einschnitte gleichmäßig und symmetrisch aus.

3 Die beiden Fächerenden nach oben zu einem halben Stern entfalten und zusammenkleben (Abb. 3 und 4). Die andere Sternhälfte nach unten entfalten und zusammenkleben. Die Faltkanten und die Sternmitte mit Malglitter bestreichen.

Goldsterne

1 Die Goldsterne werden genauso angefertigt wie die Nachtsterne in Hellblau und Silber, aber ohne Einschnitte – nur die Sternspitzen werden separat gestaltet.

2 Die Sternspitzen nach Vorlage ausschneiden, mittig falten und auf jede zweite bzw. vierte Sternfalte kleben. Die Enden vor dem Aufkleben entweder spitz zuschneiden oder einkerben.

Wintertraum in Blau und Weiß

→ fantastische Tischdekoration

MATERIAL TISCHGESTECK

- 12 bis 16 verschiedene Winterzweige in Weiß und Silber (jeden Zweig 2 x), 40 cm bis 70 cm lang
- Trockengesteck-Kugel, ø 15 cm
- Alufolie
- Dekoband in Silber, 6 cm breit, 1,50 m lang
- Kordel in Silber, ø 8 mm, 2 m lang
- Spiegelkachel, 30 cm x 30 cm
- Fotokarton in Weiß, A4 (alternativ: 6 fertige Eiskristalle aus Styropor, ø 5 cm)
- Plastik-Eiswürfel
- Flitterspray in Silber
- geglühter Stieldraht für Kerzen, ø 1,4 mm, 15 cm lang
- Blumendraht in Silber oder Weiß, ø 0,35 mm

VORLAGE SEITE 154

Tischgesteck

1 Die Kugel in Alufolie verpacken und in die Mitte der Spiegelkachel stellen. Um sie herum mit Heißkleber einige Eiswürfel auf die Kachel kleben, damit sie nicht wegrollen kann.

2 Die Zweige so aufteilen, dass zwei gleiche Sträuße gebunden werden können. Die Zweige mit den längsten beginnend übereinander legen und mit Blumendraht zusammenbinden. Die fertigen Sträuße mit den Stielen gegeneinander legen, diese etwas ineinander schieben und in der Mitte fest zusammendrahten. Um den Draht zu verdecken, das silberfarbene Band mehrmals darum herum wickeln und unten verknoten.

3 Das Gesteck auf die Kugel legen und mit dem zu einem U gebogenen Stieldraht darauf befestigen. Das Band ein- bis zweimal locker darüber knoten. Die Kordel doppelt legen, in der Gesteckmitte befestigen und nach beiden Seiten „abfließen" lassen.

4 Sechs Eiskristalle ausschneiden (oder Styroporkristalle verwenden), mit Flitterspray besprühen und dekorativ auf dem Gesteck verteilen.

Tipps: Um die gewünschte Winterstimmung auf Ihren Tisch zu zaubern, sollten Sie mit der passenden Tischdecke beginnen. Legen Sie eine hellblaue oder türkisfarbene Decke aus beliebigem Stoff auf und über diese ein weißes Frühbeet-Vlies (Gartenbedarf) oder weißen Chiffon (Stoffgeschäft). Falls Sie mehr Kontrast zu weißem Geschirr lieben, streuen Sie lediglich etwas Kunstschnee auf die blaue Tischdecke.

Für das Tischgesteck können Sie sowohl künstliche als auch natürliche Zweige verwenden oder diese beliebig miteinander kombinieren. Naturzweige bekommen durch Schnee-, Flitter- oder Silberspray das gewünschte „Winteroutfit".

SCHNEEFLOCKEN-RAUMSCHMUCK

- Drahtring in Weiß, ø 30 cm
- Fotokarton in Weiß, 50 cm x 70 cm
- Alu-Bastelkarton in Blau, 2 x A4
- Chiffonband in Weiß, 2,5 cm breit, 10 m lang
- Flitterspray in Silber
- Motivlocher: Schneekristall, ø ca. 1,5 cm
- doppelseitiges Klebeband, 1,5 cm breit
- 105 3D-Klebekissen, 5 mm x 5 mm
- Effektdraht in Silber, ø 0,22 mm

VORLAGE SEITE 154

Kerzengläser

1 Auf der Rückseite des Spiegelkartons und des Alu-Bastelkartons doppelseitiges Klebeband anbringen.

2 Aus dem Spiegelkarton 1,5 cm breite Streifen, aus dem Alu-Bastelkarton 1,5 cm x 1,5 cm große Quadrate ausschneiden. Die Länge der Streifen und die Anzahl der Quadrate orientiert sich an dem verwendeten Glas. Das Kerzenglas beliebig längs, quer oder schräg mit den Streifen und Quadraten bekleben. Das Teelicht hineinstellen.

KERZENGLÄSER

- Glas, ø 6 cm, 11 cm hoch
- Spiegel- oder Alu-Bastelkartonrest in Silber
- Alu-Bastelkartonrest in Blau
- runder Spiegel, ø 10 cm (alternativ: Kreise aus Spiegelkarton)
- Teelicht
- doppelseitiges Klebeband, 1,5 cm breit

Schneeflocken-Raumschmuck

1 Das Chiffonband in vier 1,50 m und in vier 1 m lange Stücke teilen. Zuerst die langen Bänder mit gleichem Abstand zueinander an den Drahtring knoten (jeweils bei circa 1 m Bandlänge mit einem doppelten Knoten). Die kürzeren Bandenden davon (50 cm lang) oben für die Aufhängung mit einem Knoten zusammenfassen. Nun die vier 1 m langen Bänder dazwischen knoten.

2 15 große Eiskristalle aus Fotokarton ausschneiden und mit Flitterspray besprühen. 105 kleine Kristalle aus dem Alu-Bastelkarton ausstanzen und mit Klebekissen jeweils auf eine Seite der großen Kristalle kleben. Zwei, drei oder vier fertige Kristalle in unterschiedlichen Abständen auf den Effektdraht fädeln und an den Ring drahten.

3 80 Quadrate (1,5 cm x 1,5 cm) aus dem Alu-Bastelkarton ausschneiden und an drei ca. 1 m langen Effektdrahtstücken befestigen. Dazu jeweils zwei Quadrate mit doppelseitigem Klebeband gegeneinander kleben. Die Mosaikketten ebenfalls am Drahtring befestigen.

Tipp: Sie können die Eiskristall- und Mosaikketten auch ans Fenster oder an Ihre Lampe über dem Tisch (Achtung, unbedingt auf genügend Abstand zur Lichtquelle achten!) hängen.

KLEINE SCHNEEMÄNNER

- Wattekugel, ø 4 cm
- Wattekugel, ø 3 cm
- Chenilledraht in Weiß, 20 cm lang
- Glanzfasern in Silber (für die Haare)
- Alufolienrest (für die Nase)
- Flitterspray in Silber
- Gelstifte in Silber, Rosa und Hellblau

ZUSÄTZLICH FÜR DIE ACCESSOIRES

- Alu-Bastelkartonrest in Blau und Silber
- Chenilledrahtrest in Weiß
- Zylinder in Schwarz, ø 2 cm (innen)
- Melone in Schwarz, ø 2 cm (innen)
- Stoffrose in Rosa, 7 cm lang
- Wattekugel, ø 1,6 cm (Schneeball)
- Aludraht in Silber, ø 2 mm, 7 cm lang
- Effektdraht in Silber, ø 0,22 mm
- ggf. Nadel

VORLAGE SEITE 154

Kleine Schneemänner

1 Mit Heißkleber die kleine Wattekugel auf die große kleben. Den Chenilledraht von vorne um den Hals legen, hinten überkreuzen, die Enden nach vorne nehmen und zu Händen biegen. Mit Flitterspray besprühen.

2 Die Nase aus Alufolie formen und ankleben. Das Gesicht und die Knöpfe aufmalen und die Haare aus Glanzfasern aufkleben.

3 Für die Ohrwärmer zwei Kreise mit ø 1,4 cm und einen 3 mm breiten und 8 cm langen Streifen ausschneiden. Die Kreise an die Streifenenden kleben. Für den Schal die Enden eines 17 cm langen und 1 cm breiten Streifens Alu-Bastelkarton fransig einschneiden. Den Zylinder mit Flitterspray besprühen und ein 7,5 cm langes und 1 cm breites Band herum kleben. Die Melone ebenfalls mit Flitterspray besprühen und mit einem 11 cm langen und 7 mm breiten Band verzieren. Die Fliege nach Vorlage ausschneiden. Die Mütze ebenfalls gemäß Vorlage ausschneiden, zur Tüte rollen, zusammenkleben und mit einem Rand und einem Bommel aus Chenilledraht verzieren. Für die Knopfleiste einen 5 cm langen und 1 cm breiten Streifen ausschneiden und fünf Löcher einstechen. Für den Gürtel einen 15 cm langen und 1 cm breiten Streifen zuschneiden, ein Ende dreieckig zuschneiden und mit einer Nadel mehrere Löcher einstechen. Die 7 mm x 1,2 cm große Gürtelschnalle aus Alu-Bastelkarton in Silber zuschneiden und nach dem Ankleiden auf den Gürtel kleben. Für den Besen ca. 3 cm lange Effektdrahtborsten am Aludraht befestigen.

4 Für den sicheren Stand etwas Heißkleber unter die untere Wattekugel geben und den Schneemann dann sofort auf eine glatte Fläche (z. B. Glas- oder Porzellanteller) stellen. Nach dem Abkühlen mit einem Messer ablösen – schon hat er eine gerade Standfläche.

Tipp: Den kleinen Zylinder und die Melone erhalten Sie im gut sortierten Bastelfachhandel.

SERVIETTENRING

- Spiegelkarton oder Alu-Bastelkarton in Silber, 22 cm x 5 cm
- Alu-Bastelkarton in Blau, 10,5 cm x 4,5 cm
- Zellstoffserviette in Weiß, 40 cm x 40 cm
- Metallic-Plastik-Klammer in Silber, 3 cm lang
- 21 3D-Klebekissen, 5 mm x 5 mm

Serviettenring

1 Aus dem blauen Alu-Bastelkarton 21 1,5 cm x 1,5 cm große Quadrate ausschneiden.

2 Von der Mitte des Spiegelkartons ausgehend eine Reihe von sieben Quadraten mit Klebekissen aufkleben, und zwar so, dass sie an den Ecken aneinander stoßen. Versetzt oben und unten jeweils eine weitere Reihe aus je sieben Bastelkarton-Quadraten aufkleben. Dabei darauf achten, dass die Klebekissen nicht über den Rand stehen dürfen, weil sonst die Serviette daran kleben bleiben würde. Nur die Mosaikplättchen stehen am Rand über.

3 Die Serviette diagonal zur losen Tüte rollen, den Serviettenring darum herum legen und auf der Rückseite mit der Klammer zusammenhalten.

Tipp: **Da der Serviettenring nicht fest zusammengeklebt wird, kann er problemlos für verschieden große, unterschiedlich gefaltete Servietten, aber auch zur Dekoration von Flaschen, Windlichtern usw. verwendet werden.**

Schneebälle und Überraschungskugeln

1 Um die Süßigkeit Watte oder Alufolie legen. Darauf achten, dass die Kugelform erhalten bleibt.

2 Die Wattekugeln zusätzlich mit Effektdraht umwickeln.

Tipp: **Die Schneebälle und die Überraschungskugeln verteilen Sie über dem ganzen Tisch oder auf den Tellern. Auch kleine Überraschungen lassen sich auf diese Art und Weise einpacken.**

SCHNEEBÄLLE UND ÜBERRASCHUNGSKUGELN

- Watte, Wattevlies oder Alufolienrest
- Effektdraht in Silber, ø 0,22 mm
- Süßigkeit (am besten in Kugelform)

Tontopfengelchen

→ putzige Mitbringsel

1 Das Flügelpaar zuschneiden und mit Transparentpapier hinterkleben. Das fertige Flügelpaar am Tontopf ankleben.

2 Das Gesicht mit Bunt- bzw. Filzstiften auf die Holzkugel malen. Den Filzkragen zuschneiden. Beides auf dem Tontopf fixieren und ein Glöckchen mit Paketschnur umbinden.

3 Etwas mit dünnem Bindedraht umwickeltes Reisig über die Bohrung der Holzkugel kleben. Die Drahtenden locken, dazu am besten den Draht um einen Bleistift wickeln.

Tipps: Nett sieht es aus, wenn Sie den Tontopfrand mit passender Acrylfarbe (z. B. helltürkis) bemalen.

Dekorieren Sie die Engelchen doch auf der Fensterbank oder bringen Sie sie als kleines Adventsgeschenk zur nächsten Einladung mit. Sie eignen sich auch als Schmuck für den Weihnachtsbaum.

MATERIAL
- Fotokartonreste in Mint und Orange
- 2 Tontöpfe, ø 4 cm und 5 cm
- Filzreste in Dunkelgrün und Weiß
- Transparentpapierrest in Weiß
- Paketschnur, ø 1,7 mm
- 2 Messingglöckchen, ø 1,5 cm
- Bindedraht, ø 0,35 mm
- 2 Holzkugeln, ø 3,5 cm und 4 cm
- Reisig

VORLAGE SEITE 138

Rudi & Santa Claus

→ für die weihnachtliche Kaffeestunde

MATERIAL

- Blechkuchen, 27 cm x 37 cm
- Zuckerguss in Grün
- Marzipan in Natur, 100 g, Gelb, 80 g, Rosa, 30 g, und Hautfarbe, 20 g
- Zuckermasse in Rot, 250 g, Braun, 250 g, und Weiß, 30 g
- 2 Pfefferminz-dragees
- Marshmallow
- Gelee-Brombeere
- Hagelzucker
- Zuckerschrift in Weiß
- Lebensmittelstift in Schwarz

VORLAGE SEITE 153

1 Den Kuchen mit grünem Zuckerguss überziehen und den Hagelzucker in den noch feuchten Guss einstreuen. Die braune Zuckermasse halbieren und entsprechend der Vorlage das Rentier formen. Das Geweih und die Nase aus Marzipan modellieren.

2 Mithilfe der Vorlage das Geweih auf dem Kuchen platzieren, den Kopf darüber legen und die Nase aufsetzen. Zwei Pfefferminzdragees als Augen eindrücken und mit dem Lebensmittelstift die Pupillen aufmalen. Mit weißer Zuckerschrift eine Linie auf die Nase malen.

3 Die einzelnen Teile des Nikolaus mithilfe der Vorlage aus Marzipan und Zuckermasse modellieren. Zuerst das Gesicht auflegen, dann den Mantel und die Mütze hinzufügen. Die Hutkrempe und den Mantelbesatz platzieren. Die Bartteile und die Nase ergänzen.

4 Zwei Kügelchen aus der Gelee-Brombeere lösen und als Augen andrücken. Den Marshmallow mit der Schere fransig schneiden, auf einer Seite leicht anfeuchten und als Pompon an der Mütze befestigen.

Tischdeko

→ sehr dezent

1 Die Kreise mit ø 6 cm, 8 cm und 10 cm gemäß Grundanleitung auf Seite 124 falten. Von der Spitze jeweils 1 mm abschneiden, wenden und wie folgt die ZS. schneiden: bei den kleinen Teilen 1,2 cm, bei den mittleren 1,4 cm und bei den großen 1,6 cm.

2 Jeweils drei verschieden große Sterne aus den unterschiedlichen Papieren der Größe nach aufeinander kleben. Den nun entstandenen Stern auf einen kleinen Tonpapier-Kreis, ø 4 cm, kleben. Die Mitte rund um das kleine Loch so eng zusammenschieben, dass das Loch nicht mehr sichtbar ist. In die Mitte jeweils einen Strassstein kleben.

Tipp: Arbeiten Sie die Sterne in verschiedenen Papier- und Farbkombinationen. Mit den drei unterschiedlichen Papieren können Sie sechs verschiedene Streusterne falten. Eine dezente, aber sehr stilvolle Dekoration für Ihre Weihnachtstafel!

MATERIAL
- Tonpapier in Dunkelblau, 15 cm x 22 cm
- Alu-Bastelfolie in Silber, 15 cm x 15 cm
- Alu-Bastelfolie mit Sternenmuster in Silber, 15 cm x 22 cm
- 3 Strasssteine in Transparent, ø 5 mm

ZUSCHNITT
- je 1 Kreis in Dunkelblau, ø 6 cm, 8 cm und 10 cm
- Kreise in Silber, 1 x ø 6 cm und 2 x ø 8 cm
- Kreis aus Alu-Bastelfolie mit Sternenmuster in Silber, ø 6 cm
- 2 Kreise aus Alu-Bastelfolie mit Sternenmuster in Silber, ø 10 cm
- 3 Kreise aus Tonpapier, ø 4 cm

Dose in Weiß-Gold

→ dekoratives Schmuckstücke

MATERIAL
- Spandose, ø 12 cm
- Acrylfarbe in Weiß
- Transparentpapier extrastark mit Ornamentmuster in Gold, A4
- Tonpapier in Weiß und Gold matt, jeweils A4
- Wachsperle in Weiß, ø 8 mm
- je 8 Wachsperlen in Gold, ø 4 mm und 3 mm

ZUSCHNITT
- je 1 Kreis aus Transparentpapier mit Ornamentmuster und Tonpapier in Weiß, ø 12 cm
- Kreis aus Tonpapier in Gold matt, ø 8 cm
- Rahmen aus Tonpapier in Gold matt, ø 11,8 cm, 4 mm breit
- Streifen aus Tonpapier in Gold matt, 5 mm breit, 39 cm lang

1 Die Dose mit Acrylfarbe bemalen.

2 Den weißen Kreis gemäß Anleitung auf Seite 124 falten. Von der Spitze 2 mm abschneiden und wenden. Die Falten gleichmäßig nach beiden Seiten verteilen, das Teil flach ablegen und mit dem Cutter die Rundungen begradigen.

3 Das Teil öffnen, nicht mehr wenden, dann zur Hälfte falten und ablegen. Die rechts liegende Zacke so falten, dass die Kante an der nächsten Talfalte liegt und wieder öffnen. Dieselbe Zacke noch einmal falten, so dass ein Parallelfalz entsteht (siehe Abb.) und wieder öffnen. Alle Zacken entsprechend bearbeiten. Anschließend den großen Falz nach hinten und den kleinen nach vorne drücken. Alle Kreise entsprechend falten.

4 Den transparenten Stern auf den großen weißen Stern kleben, dabei nur um die Mitte Alleskleber auftragen. Dann den goldenen Stern aufkleben. Den transparenten und goldfarbenen Stern wie abgebildet mit den Perlen verzieren.

5 Den goldenen Randstreifen und den Rahmen aufkleben und den fertigen Zierstern auf dem Dosendeckel befestigen.

FROHES
FEST
MONIQUE

Rudi Rentier und seine Freunde

→ Liebes für den Tisch

MATERIAL RENTIER
- Fotokartonrest in Weiß
- Tonpapierrest in Rot oder Weiß-Rot kariert
- Plastikhalbperle in Schwarz, ø 8 mm

WINDLICHT
- Fotokarton in Weiß, A4
- Transparentpapierrest in Rot
- Prickelnadel
- Zirkel

VORLAGE SEITE 158

Windlicht

1 Die Vorlage auf weißen Fotokarton übertragen und an den gestrichelten Linien zum Falten mit einer Zirkelspitze einritzen.

2 Die Herzen mit Cutter oder Nagelschere ausschneiden und hinter dem Ausschnitt ein Herz aus rotem Transparentpapier (Strich-Punkt-Linie) fixieren.

3 Bevor alles zusammengeklebt wird, mit einer Prickelnadel die Schmuckpunkte einstechen. Das Windlicht zusammenkleben und ein Teelicht hineinstellen.

Rentier

1 Das Rentier mit einer Nagelschere aus Fotokarton ausschneiden und die schwarze Nase aufkleben. Die Gesichtslinien mit Filzstift aufmalen.

2 Die Satteldecke entsteht aus einem in der Mitte gefalzten Rechteck aus rotem Tonpapier, auf das mit weißem Lackmalstift ein Muster aufgemalt wird. Noch einfacher ist es, gemustertes Tonpapier zu verwenden.

Tipp: Das Rentier eignet sich für vielfältige Anwendungen: als Geschenkanhänger, als Tischkärtchen, für Karten usw. Das Bild zeigt nur einige Beispiele, die beliebig erweitert werden können.

Sternenschmuck

→ hübsch verpackt

MATERIAL

- Christbaumanhänger in Silber in Sternenform
- Organzaband in Hellblau, 4 cm breit, ca. 8 cm lang
- Satinband in Blau, 5 mm breit und 2 cm breit
- Bouillondraht in Silber, ø 2 mm
- Konturenschere: Zackenrand

1 Organzaband mit der Zackenschere abschneiden und durch die Schlaufe des Sterns ziehen.

2 Oder das blaue Satinband als Schleife befestigen.

3 Ebenso das dünne Satinband durch die Schlaufe ziehen und verknoten. Zur Dekoration silbernen Bouillondraht anbringen.

Tipps: **Dekorieren Sie die Sterne an den Weihnachtsgeschenken. Um das Geschenk noch persönlicher zu machen, können Sie die Sterne auch mit Weihnachtsgrüßen beschriften.**

Sie können die Sterne natürlich auch als Christbaumschmuck verwenden. Zusätzlich sehen kleine Schleifen am Christbaum hübsch aus. Binden Sie sie direkt am Baum fest. Silbernes Lametta dazu und der Baum ist perfekt.

Kranz mit vielen Schleifen

→ schön schlicht

MATERIAL
- Tannengrün
- Strohkranz, ø 25 cm
- Organzaband in Hellblau, 4 cm breit, 1 m lang
- Organzaband in Weiß, 4 cm breit, 1m lang
- Satinband in Blau, 5 mm breit, 20 cm lang
- Bouillondraht in Silber, ø 2 mm, 20 cm lang
- Taftband mit Draht in Blau, 4 cm breit, 50 cm lang
- Taftband mit Draht in Blau, 2,5 cm breit, 40 cm lang

1 Das Tannengrün Reihe um Reihe eng an den Kranz anlegen und mit Draht am Kranz festbinden.

2 Den Kranz mit den Bändern dekorieren. Dazu viele Schleifen binden und am Kranz mit Draht festbinden.

Tipp: Diesen Kranz können Sie als Türkranz verwenden oder mit Kerzen dekorieren und auf Ihren Tisch stellen.

Stern

→ für besondere Gelegenheiten

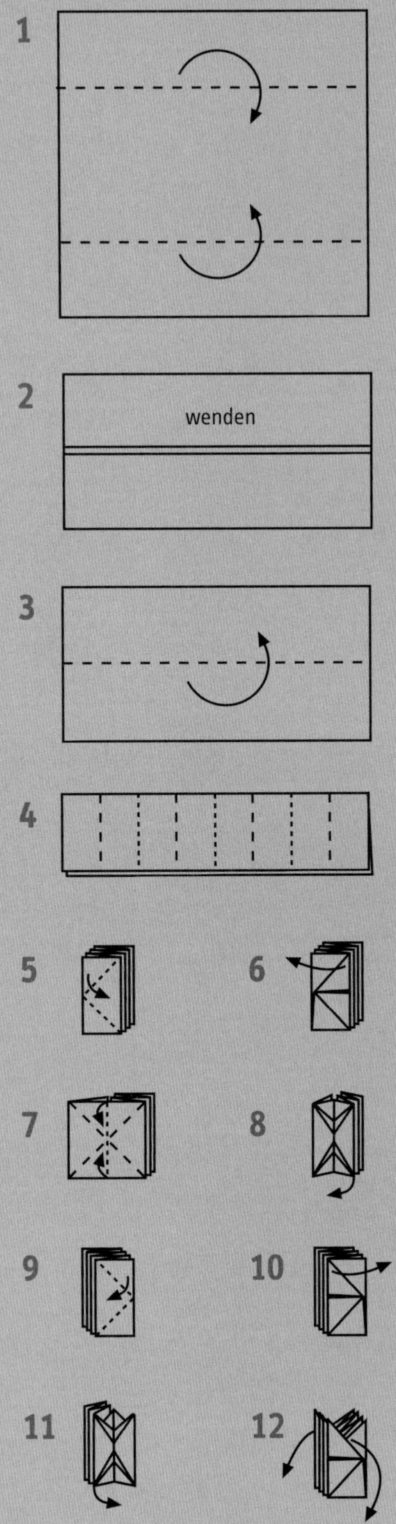

MATERIAL
- Stoffserviette in Apricot, 50 cm x 50 cm

1 Die Serviette als Quadrat auf den Tisch legen, die linke Seite liegt oben. Das obere Viertel nach unten zur Mitte brechen, das untere Viertel nach oben. (Abb. 1 und 2).

2 Die Serviette wenden und einmal zur Hälfte nach oben brechen (Abb. 3). Die offenen Seiten liegen unten.

3 Das schmale Band von links nach rechts in ca. 6 cm breite Falten legen, indem die Serviette immer abwechselnd vor und zurück gebrochen wird (Abb. 4).

4 Die gefächerte Serviette fest am hinteren Ende zusammennehmen. Die Spitzen der tief liegenden Falten der unteren und oberen Stoffkante einzeln nach oben und unten ziehen (Abb. 5 und 6), bis die Kanten dieser Falten an den Bruchlinien der vorstehenden Falten liegen (Abb. 7). Dabei die Serviette jedes Mal, nachdem die Spitzen hervorgeholt worden sind, wieder fest zusammendrücken, damit sich die kleinen diagonalen Knicke der Spitze herausbilden.

5 Die Serviette wenden (Abb. 8) und auf der hinteren Seite in der gleichen Technik die tiefen Spitzen der Falten entlang der Ober- und Unterkante nach unten und oben ziehen (Abb. 9, 10 und 11). Auch diese Spitzen durch Zusammenpressen der jeweiligen Falten sorgfältig ausarbeiten.

6 Die fertige Krone aufstellen, indem einfach vorsichtig das obere Teil seitlich auseinander gezogen wird (Abb. 12). Auf der gefalteten Unterkante stehend und von den seitlichen, umgeknickten Ecken der Stofflagen gestützt steht die Krone ohne weitere Hilfe.

Tipp: Für diese Faltung sollten Sie auf alle Fälle gut gestärkte Stoffservietten verwenden.

Weihnachten

Das Wort geht zurück auf das Mittelhochdeutsche „ze wîhen nahten“, in den heiligen Nächten. Zentrales Sinnbild des Festes ist der lichtergeschmückte Weihnachtsbaum. Ursprünglich brachten Nikolaus und Knecht Ruprecht die Geschenke am 6. Dezember, seit dem 16. Jahrhundert bildete sich aber die Kinderbescherung am 24. Dezember heraus.

Engel mit Silberhaar

→ singen mit Engelszungen

1 Für das Kleid das Transparentpapier 13-mal falten – ein Pfeil auf der Vorlagenseite markiert den Streifenverlauf. Den Ärmelfächer aus Transparentpapier fünfmal falten.

2 Den Kleiderfächer an der markierten Stelle mit der Vorstechnadel durchstechen und den Silberdraht zur Hälfte durchziehen. Den Ärmelfächer in der Mitte zweimal durchstechen und die beiden Drahtenden durchziehen. Die Ärmel nach unten klappen.

3 Den Kragen aus Strohseide zackig ausschneiden. In die Kragenmitte ein Loch stechen und die Drahtenden durchziehen.

4 Auf die hautfarben bemalte Holzperle das Gesicht aufmalen. Die Drahtenden durch den Kopf ziehen. Oben auf dem Kopf zwischen die beiden Drahtenden ein Büschel Flower Hair legen und die Drahtenden so miteinander verdrehen, dass das Haarbüschel fest auf dem Kopf aufliegt.

5 Für die Flügel eine Kartonschablone anfertigen und den Umriss auf die weiße Strohseide übertragen. Die Flügel zur Stabilisierung mit dem Klebestift zuerst auf die Mobilefolie kleben, dann ausschneiden und am Engel ankleben.

6 Das Kleid und die Flügel mit Glitter Glue verzieren.

MATERIAL PRO ENGEL

- Transparentpapierrest in Rot oder Blau gestreift
- Strohseidenreste in Weiß (Flügel) und Blau oder Rot (Kragen)
- Mobilefolienrest (Flügel)
- Flower Hair in Silber
- Silberdraht, ø 0,35 mm, 50 cm lang
- Holzperle, ø 2 cm
- Acrylfarbe in Hautfarbe
- Glitter Glue in Silber
- Motivschere: Zackenrand

VORLAGE SEITE 149

Weihnachtsmänner-Trio

→ verteilen ihre Geschenke beidhändig

1 Mütze, Ärmel und Rumpf sind drei separate Teile, die alle zu Fächern gefaltet werden. Jedes der drei Teile in gefaltetem Zustand in der Mitte mit einer Lochzange lochen. Die gelochten Teile auf das rot bemalte Rundholzstäbchen aufstecken.

2 Den Kopf aus Karton ausschneiden, den Vollbart ankleben und dann den Bart kürzen (der Pfeil markiert den Haarverlauf des Plüschs). Die rote Pomponnase und die Wackelaugen ankleben (am besten mit einer Pinzette aufnehmen, mit Klebstoff bestreichen und fest andrücken). Die Stirnhaare zuerst ankleben und dann kürzen. Den Kopf auf Mütze und Ärmel kleben. An den Ärmeln von hinten die beiden Hände befestigen und den weißen Mützenpompon ergänzen.

Tipp: Die Weihnachtsmänner sind eine gern gesehene Zugabe zu einem Nikolausgeschenk.

Weihnachtsmann

Das erste Mal erschien der uns heute bekannte Weihnachtsmann als „Herr Winter" im Jahre 1847, gemalt von Moritz Schwindt auf einem Münchner Bilderbogen. Er trug Bart und Stiefel, einen Mantel und eine Mütze; im Arm hatte er ein kleines Kerzenbäumchen.

MATERIAL PRO WEIHNACHTSMANN

- Tonpapier in Rot, A4
- Fotokarton- oder Tonpapierrest in Hautfarbe
- Pompon in Rot, ø 7 mm
- Pompon in Weiß, ø 1 cm
- Langhaarplüschrest in Weiß
- Rundholzstäbchen, ø 3 mm, 25 cm lang
- Acrylfarbe in Rot
- 2 Wackelaugen, ø 5 mm
- evtl. Pinzette

VORLAGE SEITE 148

WACO
EFFECT SPRAY
BOSCH
GSR 12 VES-2
Krakelee-Lack
UHU
kraft
alleskleber
matt mat mate
Decor
Profi-Qualität
Antikblau
Weiß
Rayher

Serviceteil

Es ist alles ganz einfach, wenn man die richtigen Tipps und Tricks kennt. Auf den folgenden Seiten erlernen Sie die wichtigsten Basteltechniken Schritt für Schritt und profitieren dabei von vielen Profiinformationen. Ob das Ausschneiden und Zusammensetzen von wirkungsvollen Fensterbildern, das Gestalten niedlicher Figuren aus Holz, das Malen mit dem beliebten Windowcolor, das Falten von Hexentreppen oder das Binden von Kränzen – hier wird alles leicht nachvollziehbar in Wort und Bild erklärt.

Vorlagen übertragen

Mit Kohlepapier

Das Kohlepapier mit der beschichteten Seite nach unten auf das Werkstück und darauf die Vorlage legen. Beides mit Klebefilm fixieren und die Linien mit einem Bleistift oder Prägestift nachziehen.

Mit Transparentpapier

1 Das Transparentpapier auf die Vorlage legen und fixieren. Alle Linien mit Bleistift nachzeichnen.

2 Das Transparentpapier wenden und alle Linien mit einem weichen Bleistift (B oder 2B) auf der Rückseite noch einmal nachziehen.

3 Das Transparentpapier abermals wenden, so dass die nachgezeichnete Seite unten liegt. Nun alle Linien mit einem harten, spitzen Bleistift (H oder 2H) nachziehen, so wird die Linie auf der Rückseite auf das Werkstück übertragen.

Mit Schablone

1 Diese Methode ist vor allem dann geeignet, wenn Motivteile mehrmals benötigt werden. Dafür die Vorlage auf Transparentpapier abpausen, auf Karton kleben und die Form mit Schere oder Cutter ausschneiden.

2 Die fertige Schablone auf das Holz legen und mit einem spitzen Bleistift oder Druckbleistift (HB) umfahren.

IHRE GRUNDAUSSTATTUNG

Hier finden Sie eine Basisausstattung oft gebrauchter Werkzeuge und Hilfsmittel, die nicht jedes Mal in den Materiallisten bei den einzelnen Modellen aufgeführt sind.

- Pauspapier, Schneider-Kopierpapier, dünner Karton, Transparentpapier
- Schaschlikstäbchen, Zahnstocher
- Lochzange
- Klebefilm, doppelseitiges Klebeband, Klebekissen
- Bleistift, Radiergummi
- dünner Stift in Schwarz (wasserfest)
- UHU Alleskleber Kraft
- Heißklebepistole
- Filz- und Buntstifte in verschiedenen Farben
- Lackmalstift in Weiß
- Pinsel, Schwamm
- Lineal, Dreieck
- Schere, Nagelschere
- Küchenmesser, Cutter mit geeigneter Unterlage
- Vorstechnadel
- Nadel, Faden
- Flachzange

ZUSÄTZLICHE MATERIALIEN FÜR HOLZARBEITEN

- Laub- oder Dekupiersäge (mit Sägeblättern für Holz)
- Schleifpapier, z. B. mit einer Körnung von 80 und 120
- evtl. Kreis- und Ellipsenschablone für die Augen
- Bohrmaschine oder Akkuschrauber
- Feile
- Seitenschneider
- spitze Rundzange
- evtl. Krakelierlack
- ggf. Terpentin
- Schrauben, Nägel, Draht
- Hammer
- Bohrer in verschiedenen Größen

Hinweis: Als „Rest" ist immer ein Stück gemeint, das maximal A5 groß ist.

Hexentreppen falten

1 Die Enden von zwei gleich langen und gleich breiten Papierstreifen werden rechtwinklig aufeinander geklebt. Den unten liegenden Streifen, hier blau, über den oberen falten. Der Streifen, hier rot, der anfangs oben lag, liegt nun seinerseits unten und wird über den jetzt oberen Streifen geführt.

2 So fortfahren, bis die Hexentreppe die gewünschte Länge erreicht hat. Die überstehenden Streifenenden werden abgeschnitten. Damit die Hexentreppe sich nicht löst, wird – je nach Motiv – der letzte oder der vorletzte Faltabschnitt angeklebt.

Windowcolor

1 Die gewünschte Vorlage unter Adhäsions- , Träger- oder Mobilefolie legen und die Konturen mit Windowcolor-Konturenfarbe nachziehen. Für Konturenlinien gibt es Malspitzen in verschiedenen Strichstärken, die auf die Flasche gesteckt werden können. Konturen durchgehend geschlossen, am besten von innen nach außen, auftragen. Misslungene Versuche können gleich wieder mit einem Papiertuch weggewischt werden. Die Farbe gemäß Herstellerhinweisen trocknen lassen.

2 Nach dem Trocknen die Innenflächen ausmalen. Die Farben gleichmäßig und nicht zu dünn bis dicht an die Konturlinien auftragen. Luftblasen sind leider nicht zu vermeiden, lassen sich jedoch, solange die Farbe noch nass ist, mit einer Nadel aufstechen.

3 Nach dem Trocknen die auf Mobile- und Adhäsionsfolie gearbeiteten Motive entlang der äußeren Konturen ausschneiden. Von Trägerfolie kann das Motiv vorsichtig abgezogen und auf glatten Flächen angebracht werden. Motive auf Mobilefolie gemäß der jeweiligen Anleitung dekorieren. Motive auf Adhäsionsfolie nach Wunsch auf glatten Flächen anbringen.

4 Manche Windowcolor-Motive werden mit Eisglimmer oder Samtpuder verziert. Dazu das Motiv fertig malen und trocknen lassen. Anschließend die gewünschte Fläche nochmals mit Farbe ausmalen und den Eisglimmer oder das Samtpuder einstreuen. Überschüssige Reste vorsichtig nach dem Trocknen abschütteln.

Papierarbeiten

So wird's gemacht

1 Die Vorlage mit Bleistift auf festes Transparentpapier übertragen und ausschneiden. Diese Schablone auf das gewählte Papier auflegen, mit einem Bleistift umfahren und ausschneiden. Abgerundete Formen lassen sich leichter mit einer kleinen Nagelschere schneiden, gerade Schnitte mit einem Cutter auf geeigneter Schneideunterlage.

2 Fotokarton-Dessins, die wie Stoff aussehen, kann man ganz einfach selber machen. Vor dem Ausschneiden mit Buntstift ca. 1 cm breite Karos aufzeichnen und mit einer anderen Farbe dann Linien dazwischen ziehen. Streifen mit Filzstiften aufmalen, farbige Punkte mit Lackmalstift oder Filzstift auftragen.

3 Mithilfe der Vorlagenseite die Einzelteile positionieren, zusammenkleben und zusätzlich dekorieren: zeichnen, beschriften, bemalen. Die Gesichtslinien mit Filzstift malen, die Wangen mit rotem Buntstift färben. Dazu mit Schmirgelpapier, einem Messer oder Bleistiftspitzer etwas Farbe von der Stiftspitze schaben und mit dem Zeigefinger verreiben.

Tipps und Tricks

- Die Löcher für den Aufhängefaden oder die Drahtspirale werden am einfachsten mit einer Zirkelspitze eingestochen. Für etwas dickere Drahtstücke werden sie mit einem Holzschaschlikstäbchen etwas erweitert.

- Kleinere Teile zum Verzieren lassen sich leichter aus Tonpapier ausschneiden.

- Die Punkte auf Filz, Papier und anderen Materialien werden mit der Rückseite eines Schaschlikstäbchens oder eines Pinsels, der in die Farbe getaucht wird, aufgetupft.

- Einen plastischen Effekt erzielt man, wenn Teile mit Klebekissen unterlegt werden, wie z. B. Ärmel oder die Nase aus Fotokarton.

- Dünne Drahtspiralen entstehen, indem man den Draht eng um ein Stäbchen wickelt und nach Belieben etwas auseinanderzieht.

1

2

3

Holzarbeiten

1 Auf das Sperrholz einen Bogen Pauspapier und darüber die kopierte Vorlage legen. Beide Bogen mit Klebestreifen fixieren. Mit einem Bleistift alle Umrisse und Innenlinien des gewünschten Motivs nachziehen. Zusätzliche Einzelteile werden mit etwas Abstand zum Grundmotiv auf das Sperrholz übertragen. Dazu die Vorlage und ggf. das Pauspapier lösen und alles etwas versetzt wieder festkleben. Darauf achten, dass die Teile nicht überlappen!

2 Das Motiv mit einer Laub- oder Dekupiersäge sorgfältig aussägen. In den Ecken am besten ohne Druck sägen und dabei das Brett ganz langsam drehen. Man kann aber auch mit einem feinen Bohrer ein kleines Loch in die Ecken bohren, das Sägeblatt dort einführen und so leichter die Ecken aussägen. Alle Kanten sorgfältig mit einer Feile und Schleifpapier glätten.

3 Nun die Holzteile mit Acrylfarbe bemalen und trocknen lassen. Für den zarten, transparenten Anstrich die Farbe stark mit Wasser verdünnen. Kräftige Farbakzente, mit unverdünnter Acrylfarbe setzen. Nach dem Trocknen die Augen und die Innenlinien mit einem dünnen schwarzen Stift nachziehen.

4 Für das Ankleben einzelner Teile UHU Alleskleber Kraft oder eine Heißklebepistole verwenden. Alle Löcher und die benötigten Drähte wie in der Anleitung beschrieben bohren und befestigen. Die Motive für den Außenbereich mit wetterfestem Lack besprühen.

Kränze binden

1 Den Bindedraht an dem Rohling befestigen, so dass dieser aus der Mitte heraus über das angelegte Grün geführt werden kann.

2 Das Grün in 10 cm bis 12 cm lange Abschnitte schneiden. Zuerst etwas längere Zweige anlegen; darunter wird später der Abschluss versteckt. Die etwas kürzeren Zweige büschelweise anlegen und den Bindedraht über das untere Drittel der Zweige führen. Das Bündel mit der linken Hand halten, während die rechte bindet. So lange Grün anlegen, bis der Kranz geschlossen ist.

3 Die längeren Zweige vom Anfangspunkt hochheben und das Drahtende darunter verstecken. Vorsicht: Nicht die Anfangszweige mit einbinden! Falls doch ein Übergang zu sehen sein sollte, empfiehlt es sich, dort die Schleife zu platzieren. Den Draht abzwicken und in den Kranz zurückstecken.

Papierfalten

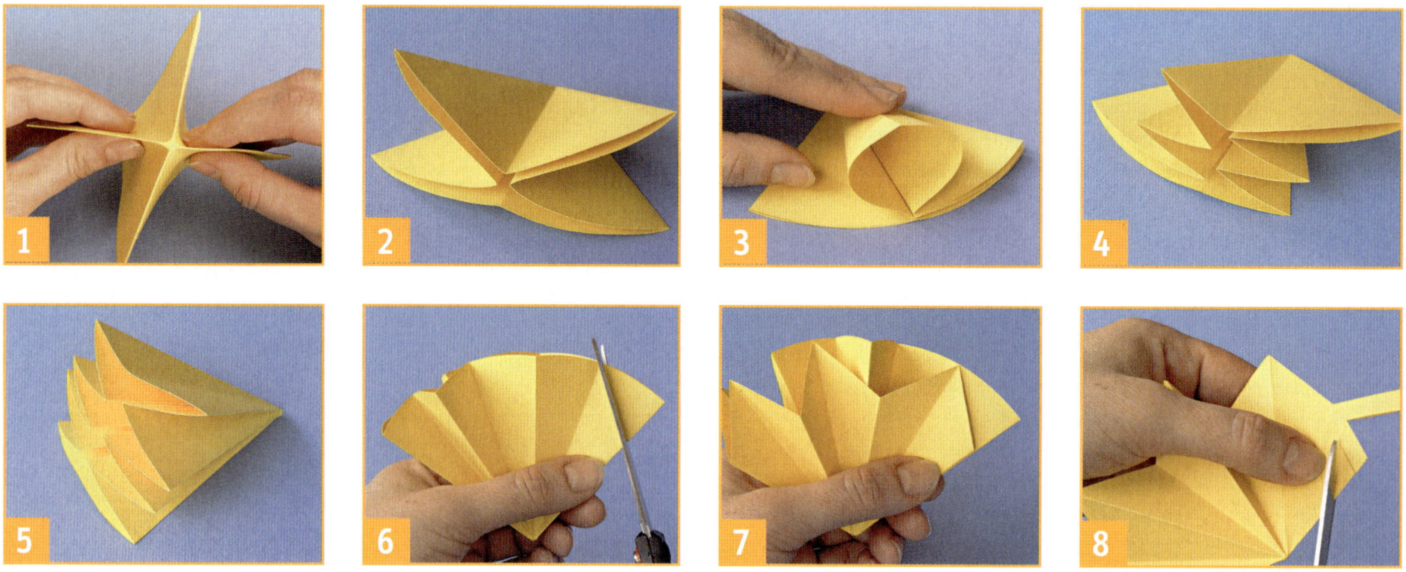

Wichtig: Bei Papieren mit Vorder- und Rückseite muss die Papiervorderseite nach der Faltung immer innen liegen.

Kreisfaltung

1 Den Kreis in der Mitte falten. Die Faltung öffnen, quer zum Falz noch einmal falten und wieder öffnen. Zwei gegenüberliegende Falten fassen und die Figur zusammenschieben.

2 Die Figur auf die Arbeitsfläche legen und je zwei Falzkanten genau aufeinander legen. Die Mitte der Figur flach drücken und glatt streichen. Den Vorgang zur anderen Seite wiederholen. Es sind vier Flügel entstanden.

3 Einen der beiden oberen Flügel zunächst senkrecht stellen, dann öffnen und flach drücken. Bei diesem Vorgang sollten Sie darauf achten, dass alle in der Mitte liegenden Falzkanten genau neben- bzw. übereinander sind. Die Flügelspitze öffnet sich leichter, wenn man ein Schaschlikstäbchen behutsam hineinschiebt.

4 Die Figur umdrehen und den Vorgang wiederholen. Den rechten kleinen Flügel nach links klappen. Die Figur umdrehen und wieder den rechten Flügel nach links klappen.

5 Mit den restlichen großen Flügeln genauso verfahren. Dabei ebenfalls eine der jeweils neu entstandenen kleinen Falten auf die gegenüberliegende Seite klappen. Der Kreis hat nun acht Falten.

Um den Kreis in 16 Falten zu legen, die Schritte 3 bis 5 sinngemäß wiederholen.

Hinweis: Bei der Weiterverarbeitung wird von der Spitze (= Mitte des Kreises) je nach Modell ein unterschiedlich großes Stück abgeschnitten. Außerdem wird das Teil bei einigen Modellen gewendet, d.h. das Innere kommt nach außen. Bitte die Hinweise und Maßangaben bei den einzelnen Beschreibungen genau beachten.

ZACKENSCHRÄGE (ZS.) UND MUSTER SCHNEIDEN

Beispiel mit einer ZS. von 2 cm

6 Bei einer Falte 2 cm unterhalb vom Rand einen geraden Schnitt bis zum nächsten Falzende ausführen.

7 Die nächste Falte von hinten an die geschnittene Falte anlegen und genauso zuschneiden. Dabei immer nur die zuletzt geschnittene Falte als Vorlage für die nächste nehmen.

8 Den entstandenen Stern wenden. Das Muster entsprechend der Vorlage auf eine Falte aufzeichnen und schneiden. Anschließend wie bei Schritt 7 beschrieben weiterarbeiten.

Wichtig: Diese Vorgänge sollten etwas geübt werden, damit die Zacken und Muster gleichmäßig werden. Das ist besonders wichtig bei zusammengesetzten Modellen.

GRUNDAUS-STATTUNG MUFFINS UND BLECH-KUCHEN DEKORIEREN

- Puderzucker
- Glycerin, auch Glycerol genannt (aus der Apotheke)
- Wasser oder Zitronensaft
- Lebensmittelfarbe (flüssig oder Pulver) laut Materialangabe
- Schaschlikstäbchen
- Zahnstocher
- Alufolie
- Frischhaltefolie
- Digitalwaage
- Einweg-Gummihandschuhe
- Schere
- Messer
- Löffel
- evtl. Handrührgerät

Muffins und Blechkuchen dekorieren

Zuckerguss anrühren

- Puderzucker, 500 g
- Wasser, ca. 40 g (entspr. 40 ml)
- Glycerin, 1 TL (aus der Apotheke)

Den Puderzucker in eine Schüssel geben und Glycerin und Wasser zugeben. Zuerst ein wenig mit einem Löffel vermischen, dann mit der Hand oder einem Handrührgerät mit Knethaken bzw. einer Küchenmaschine verkneten. Kneten, bis eine feste, aber geschmeidige, formbare Masse entsteht, die eine kneteähnliche Konsistenz aufweist. Die Masse darf weder zu feucht, noch zu trocken sein, da sie sonst entweder klebt oder bröselt. Je nach Bedarf noch ein paar Tropfen Wasser oder etwas Puderzucker unterkneten.

Modellierfähiges Marzipan

Je nach Art und Herstellerfirma des Marzipans muss noch Puderzucker eingeknetet werden, um eine modellierfähige Masse zu erhalten. Dazu den Puderzucker in kleinen Portionen (1 bis 2 TL) zugeben und unterkneten.

Tipp: Die Oberfläche der Zuckermasse trocknet sehr schnell an. Wickeln Sie daher Teile der Masse, die Sie nicht sofort benötigen, in Frischhaltefolie.

Einfärben

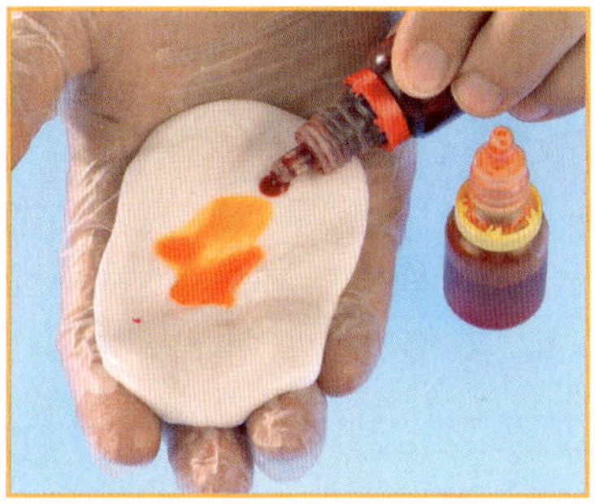

Die Arbeitsunterlage mit Alufolie überziehen, da sich die Lebensmittelfarbe nur schlecht oder gar nicht entfernen lässt. Die Flüssigfarbe tröpfchenweise bzw. das Pulver in sehr kleinen Mengen zur Masse dazugeben und verrühren bzw. einkneten, bis diese eine gleichmäßige Färbung aufweist. Die Pulverfarbe kann dabei direkt eingeknetet oder, in etwas Wasser aufgelöst, als Flüssigfarbe verwendet werden. Durch die Zugabe von flüssiger Farbe werden Zuckermasse und Marzipan wieder klebriger, Zuckerguss flüssiger. In diesem Fall noch etwas Puderzucker einkneten, bis die Konsistenz der Masse wieder so ist wie vorher. Achtung: Die Farbe sehr vorsichtig dosieren, da sie sich nicht wieder aufhellen lässt. Die Farbtöne lassen sich untereinander gut mischen.

Hinweis: In den Anleitungen sind die einzelnen Farbtöne der Lebensmittelfarbe nicht separat aufgeführt, können aber den Materialangaben entnommen werden.

Hautfarbe mischen Sie mit ein wenig gelber und sehr wenig roter Farbe.

Überziehen

Die Muffins und Kuchen werden zuerst mit einer Schicht Zuckermasse oder Marzipan überzogen. Dafür aus der angegebenen Menge der jeweiligen Masse einen Kreis bzw. ein Quadrat formen und über den Muffin bzw. Kuchen legen. Den Rand oberhalb der Papierform vorsichtig festdrücken.

Haare und Gras

Die Marzipanmasse in der gewünschten Farbe einfärben, portionsweise in die Knoblauchpresse geben und durchdrücken. Die Marzipansträngchen auf die zu verzierende Stelle legen, mit einem scharfen Messer direkt an der Knoblauchpresse abschneiden und vorsichtig andrücken.

Strohsterne binden

ZUSÄTZLICHE MATERIALIEN UND WERKZEUGE FÜR STROHSTERNE

- Stroh in Natur oder gebleicht
- Bügeleisen
- Bügelunterlage (Zeitungen, altes Bügelbrett oder ein mit einem Küchentuch bespanntes Stück Karton)
- spitze Schere
- Styroporblock oder Korkscheibe
- Stecknadel

Einweichen und bügeln

1 Zuerst die Strohhalme 20 bis 30 Minuten lang in warmem Wasser einweichen, bis sie weich sind.

2 Dann die Halme mit der Schere aufschlitzen und einzeln auf einem Stapel Zeitungen o. Ä. vorsichtig bügeln. Achtung: Naturstroh knickt beim Bügeln leichter als gebleichtes Stroh. Beim Bügeln die Spitze des Bügeleisens nicht nach unten drücken, damit die Halme keine Knicke und Druckstellen bekommen.

Hinweis: Das Dampfbügeleisen ist hierfür nicht geeignet, weil die Strohhalme damit nicht glatt werden.

Sterne binden

Die Sterne werden auf der Sternrückseite gebunden. Da sich das gebügelte Stroh leicht wölbt, ist es einfacher, die Halme auf der Rückseite zu umweben. Geübte Bastler legen den Stern auf den Tisch, weniger Geübte können die Halme mit einer Stecknadel auf eine Styropor- oder Korkscheibe stecken und dann umweben. Zum Binden den Faden unter den Zeigefinger der Hand legen, die den Stern in der Mitte fixiert, und ihn abwechselnd unter den einzelnen Strohhalmen entlangführen.

Zwei Sterne miteinander verweben

Zwei Sterne versetzt – Lücke auf Lücke – aufeinander legen und mit einem Faden zusammenbinden.

Spitzen einschneiden

Die Sternspitzen grundsätzlich erst nach dem Binden einschneiden. Bei leicht brüchigem Stroh oder seitlichen Einkerbungen ist es ratsam, die Halmenden vor dem Einschneiden mit Klebefilm zu hinterkleben.

ZUSÄTZLICHE MATERIALIEN FÜR METALLARBEITEN

Alu-Bastelfolie, 0,15 mm stark, wird im Handel in Bögen, 20 cm x 30 cm groß, teils mit strukturierter Oberfläche angeboten. Sie lässt sich schneiden und kleben wie Papier, kann aber in Form gebogen, geprägt und durchstochen werden und behält durch die Verwendung von Lackfarben ihren metallischen und glänzenden Charakter. Die Motivteile werden nach dem Prägen und Bemalen entweder mit Kraftkleber zusammengeklebt oder mit Draht verbunden oder befestigt.

- Druckbleistift
- evtl. Moosgummiplatte, 2 mm stark (als Prägeunterlage)
- leer geschriebener Kugelschreiber
- evtl. Prägestift mit kleiner und großer Kugel
- Vorstech- oder Radiernadel
- Seitenschneider (Draht abschneiden)
- Schwämmchen
- flache Haarpinsel, Nr. 6 und 10
- spitze Haarpinsel, Nr. 2 und 6

Metallarbeiten

Kartonschablonen anfertigen

Die Motive bzw. Motivteile ohne Überschneidungen nebeneinander auf Transparentpapier abpausen. Das Transparentpapier auf einen Kartonrest aufkleben. Die Motivteile ausschneiden.

Umrisse übertragen

Die Schablone(n) auf die Alu-Bastelfolie legen und die Konturen mit einem Druckbleistift nachziehen. Die Konturen werden dadurch leicht und gleichmäßig in die Oberfläche der Folie eingedrückt.

Ausschneiden

Die Motive bzw. Motivteile werden mit einer herkömmlichen Schere ausgeschnitten. An wenigen Stellen muss auch der Cutter verwendet werden. Die Ränder der ausgeschnittenen Motivteile sind scharf. Durch Überstreichen mit dem Fingernagelrücken oder einem Falzbein kann man sie glätten und entschärfen.

Prägen

Das Prägen mit einem leer geschriebenen Kugelschreiber oder mit dem Prägestift mit kleiner Kugel erfolgt meistens vor der Bemalung. Damit die Prägelinien oder -punkte gleichmäßig und gut ausgeformt sind, sollte das ausgeschnittene Motiv auf einer dünnen Unterlage aus Moosgummi, 2 mm, oder auf der Schneideunterlage liegen. Größere Flächen werden mit der großen Kugel am Prägestift eingedrückt.

Bemalen

1 Lackfarben haften im Gegensatz zu Acrylfarben gut auf der Metallfolie. Sie sind in einer breiten Farbpalette in kleinen Gläschen im Fachhandel erhältlich. Gleichmäßige fein strukturierte Farbflächen werden erzielt, indem die Farbe mit einem Schwämmchen aufgetupft wird. Trocknen lassen und evtl. nochmals Farbe auftupfen.

2 Weiße Dispersionsfarbe, wie sie zum Streichen von Wänden verwendet wird, eignet sich gut für das Betupfen von Konservendosen und zum Aufbringen von „Schnee" auf Tannenzweigen. Sie haftet nicht so gut auf Metall wie die Lackfarben.

Tipp: Mithilfe eines Föhns trocknet die Farbe wesentlich schneller.

Stechen, Ritzen und Farbe abschaben

1 Muster können von vorne oder von hinten in das Motiv(teil) eingestochen werden. Benötigt wird dazu eine sehr spitze Vorstech- oder Radiernadel. Der Durchmesser der eingestochenen Löcher hängt von der Unterlage und vom ausgeübten Druck ab. Wenn das Muster von hinten eingestochen wird, kann es auf der Vorderseite noch hervorgehoben werden, indem die „Spitzen" der entstandenen Erhebungen mit dem Cutter abgeschabt werden, so dass das blanke Metall sichtbar ist.

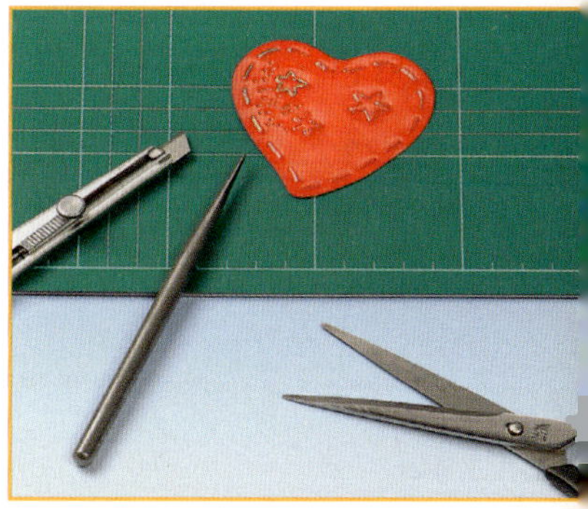

2 Vor dem Bemalen geprägte Linien und Punkte können auch akzentuiert werden, indem die Farbe einfach mit dem Cutter abgeschabt wird. Zum Schaben wird die 1 cm breite Abbruchkante der Cutterklinge verwendet.

3 Achtung: Das Einritzen von Mustern mit der Vorstech- oder Radiernadel ist etwas heikel. Da die Farbe nicht fest genug auf der Folie haftet, wird hierbei leicht zu viel Farbe abgeschabt.

Kleben

Die ausgeschnittenen und bemalten Motivteile wie Papier mit Kraftkleber zusammenkleben.

Versteck-spiel

Seite 15
Vorlage auf 200% vergrößern

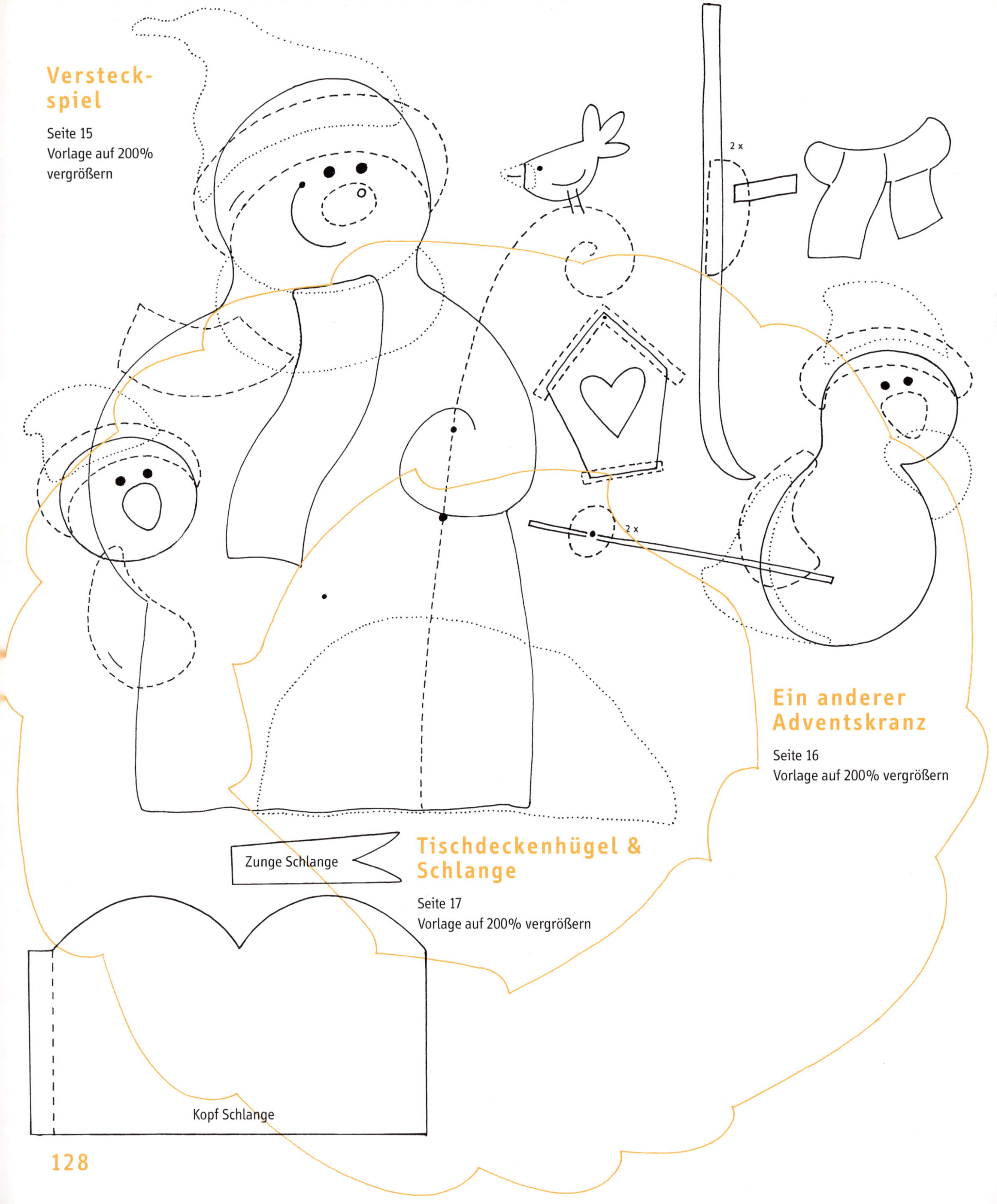

Ein anderer Adventskranz

Seite 16
Vorlage auf 200% vergrößern

Tischdeckenhügel & Schlange

Seite 17
Vorlage auf 200% vergrößern

Kalenderbaum

Seite 18
Vorlage auf 200% vergrößern

Leuchtender Tannenbaum

Seite 12
Vorlage auf 250% vergrößern

Advent, Advent, ...

Seite 19
Vorlage auf 200% vergrößern

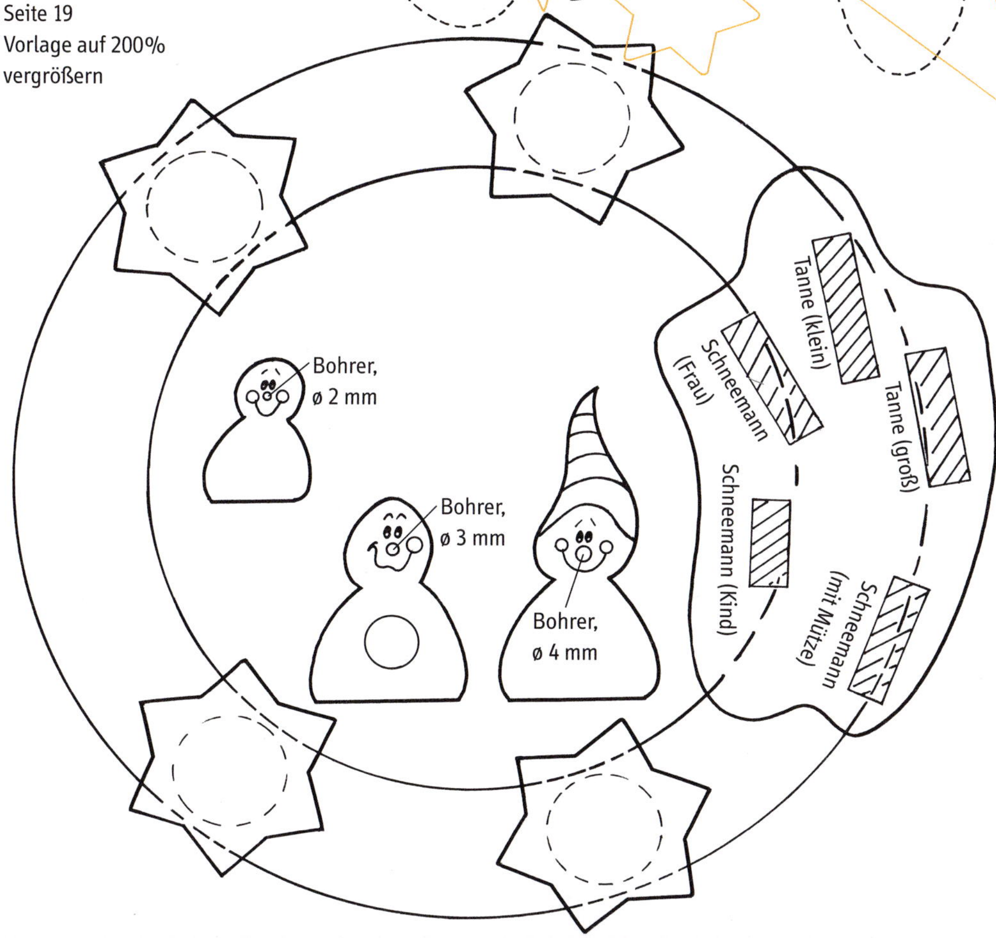

Kiefernzapfenleuchter

Seite 28

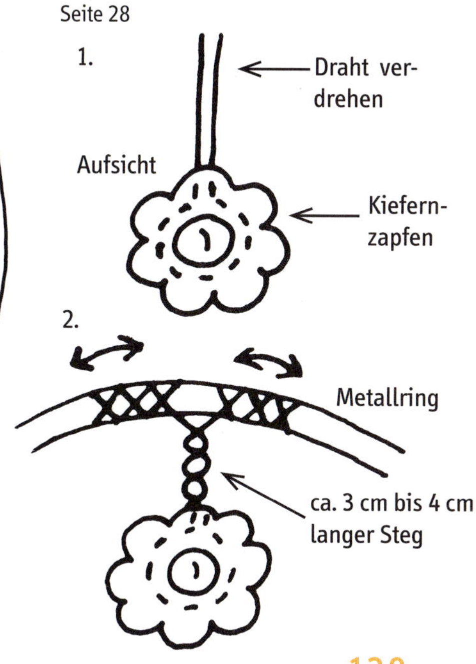

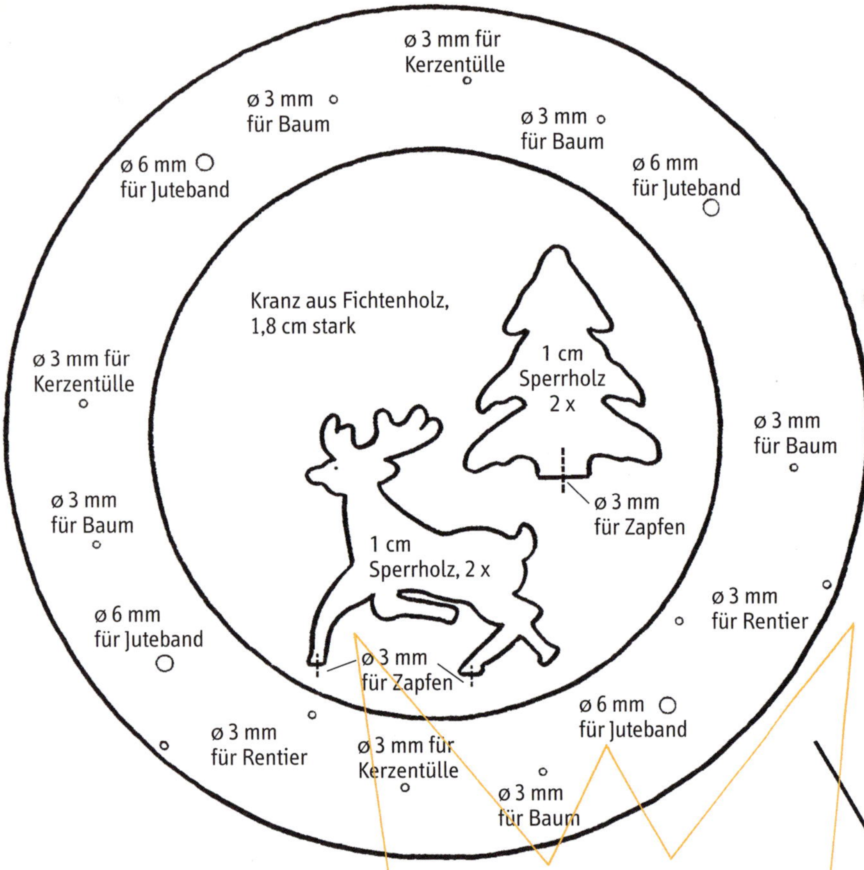

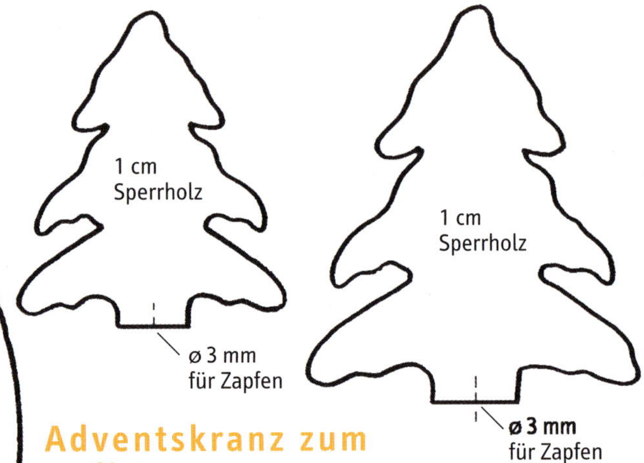

Adventskranz zum Aufhängen

Seite 20
Vorlage auf 260% vergrößern

Perlentraum

Seite 25
Vorlage auf 200%
vergrößern

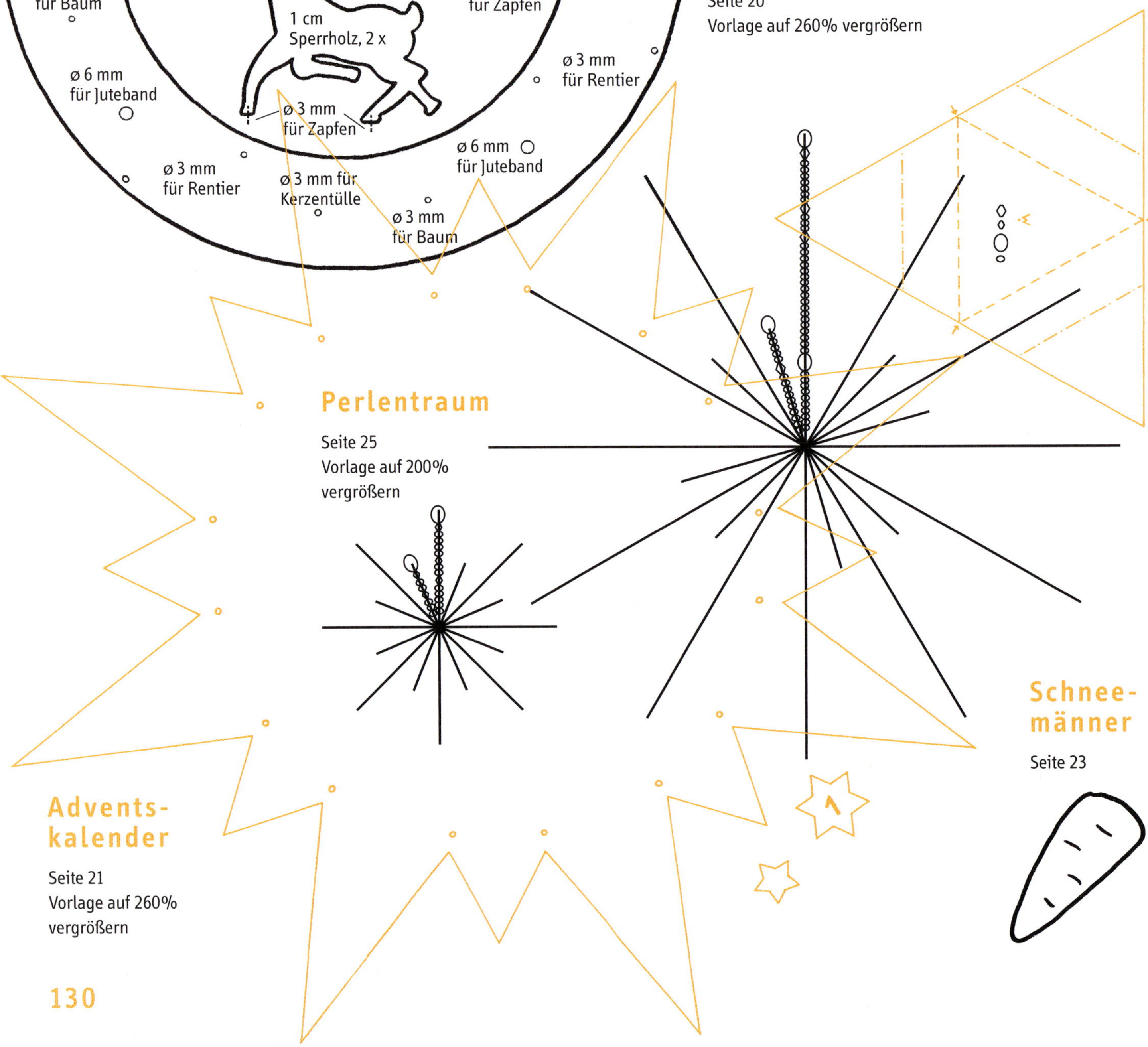

Schnee-männer

Seite 23

Advents-kalender

Seite 21
Vorlage auf 260%
vergrößern

Oh Tannenbaum

Seite 22
Vorlage auf 250% vergrößern

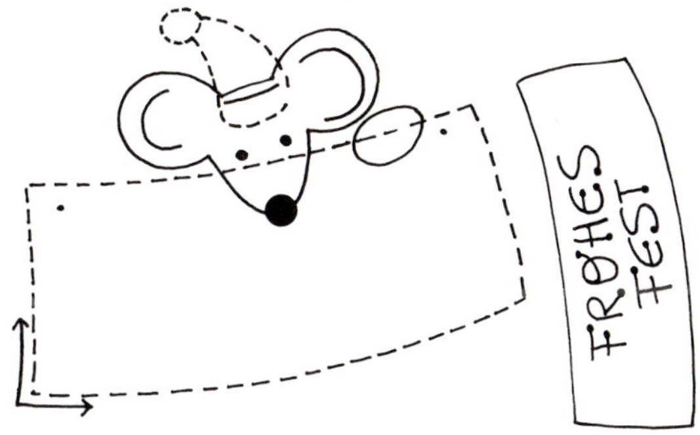

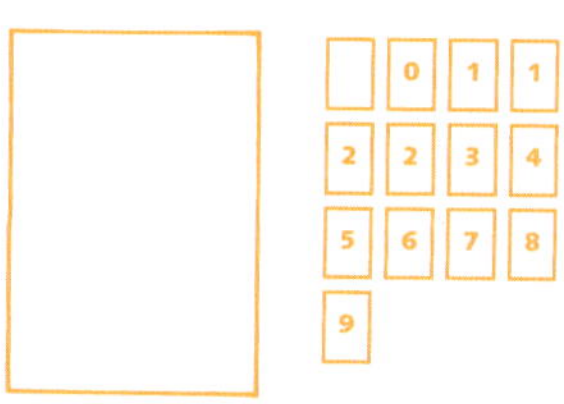

Wie viele Tage sind es noch?

Seite 13
Vorlage auf 250% vergrößern

Weihnachtskatze

Seite 24
Vorlage auf 200% vergrößern

Engelspaar

Seite 29
Vorlage auf 200% vergrößern

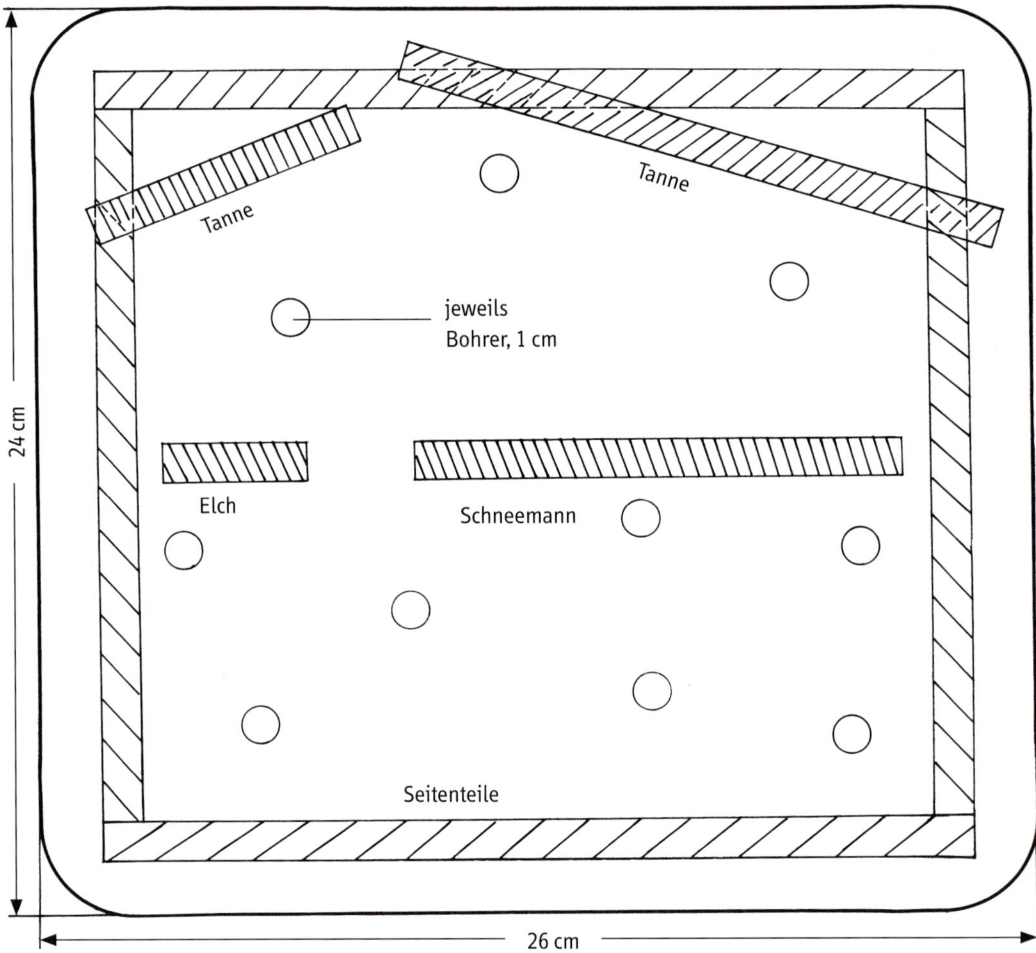

Zwei gute Freunde

Seite 30
Vorlage auf 200% vergrößern

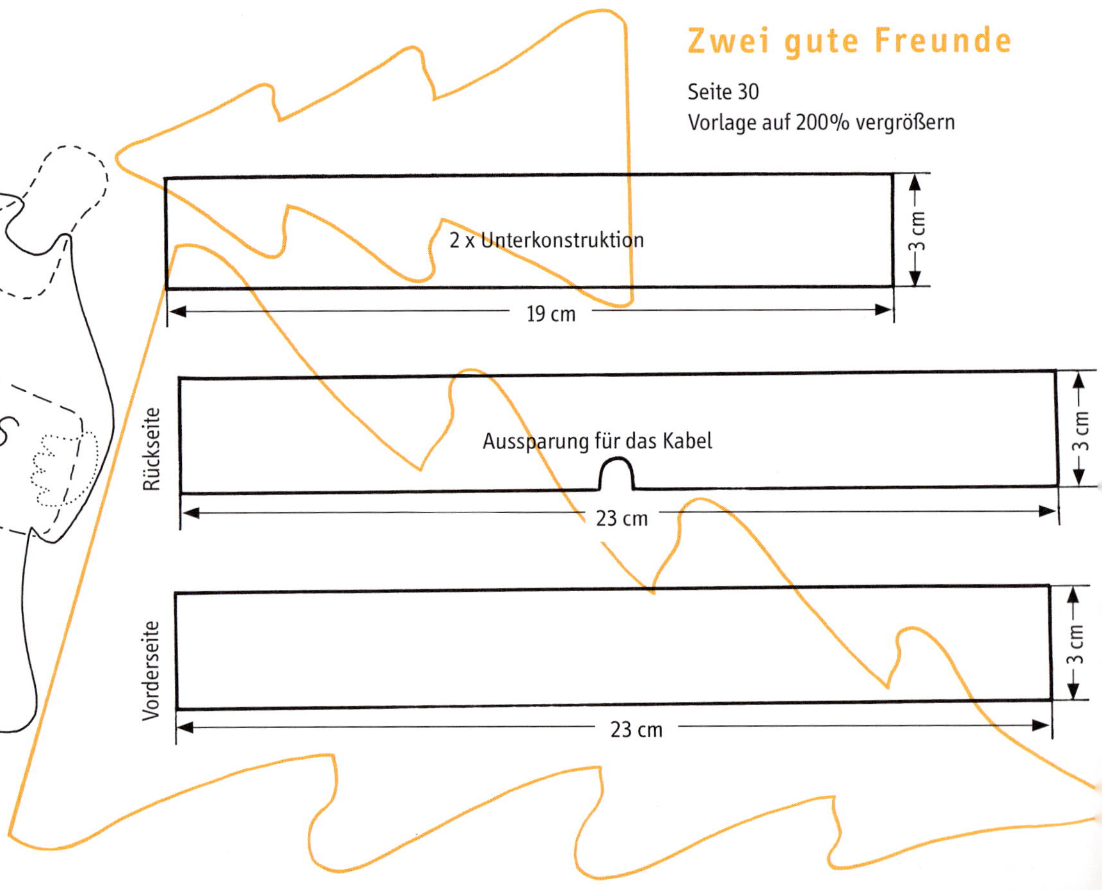

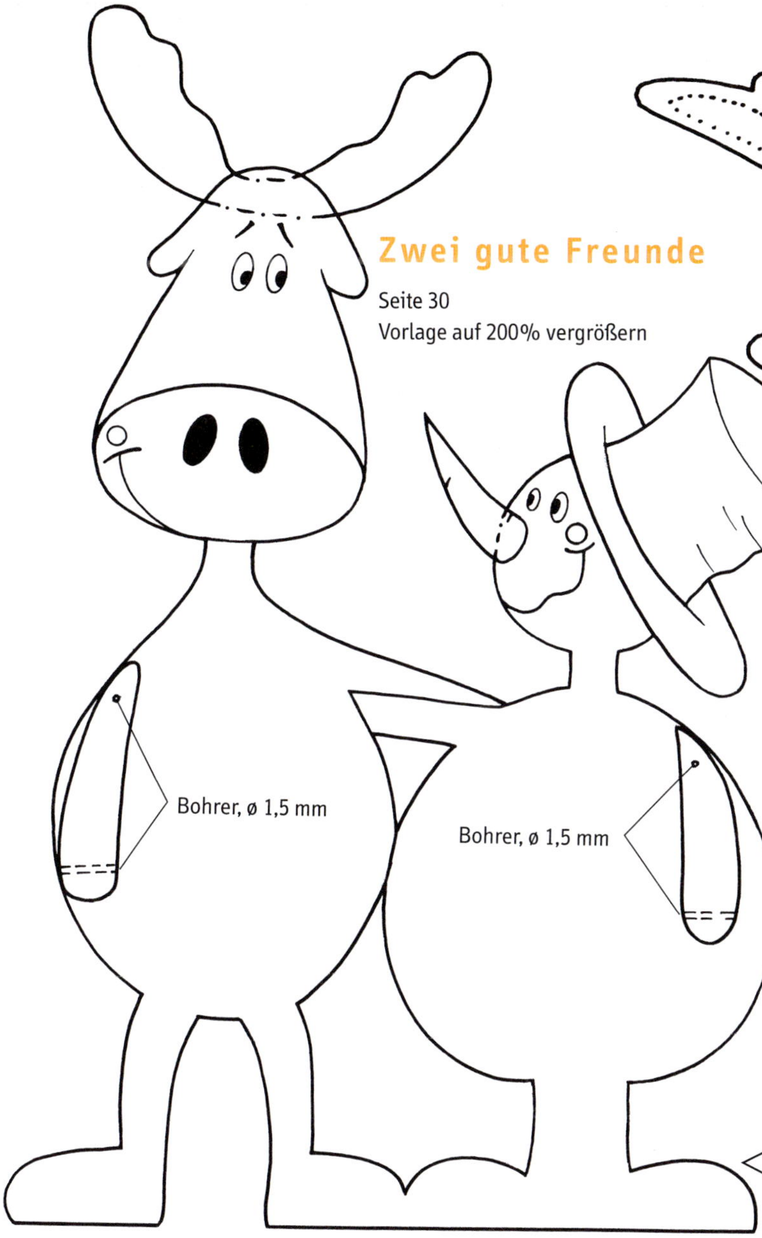

Zwei gute Freunde

Seite 30
Vorlage auf 200% vergrößern

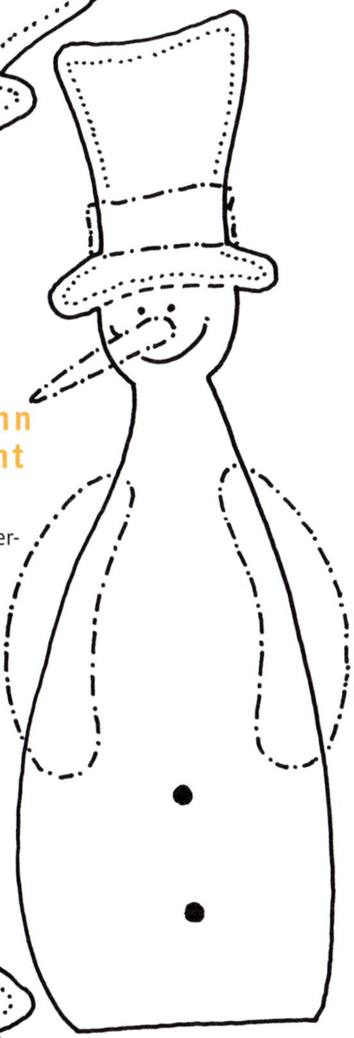

Schneemann mit Teelicht

Seite 31
Vorlage auf 200% vergrößern

Schneemann

Seite 72

Tannenbaum-Anhänger

Seite 32
Vorlage auf 200% vergrößern

Engel & Nikolaus

Seite 33

Vogelgezwitscher

Seite 34
Vorlage auf 200% vergrößern

Himmlische Gesellen

Seite 35
Vorlage auf 200% vergrößern

Winterdorf

Seite 36/37
Vorlage auf 250% vergrößern

Herzlich Willkommen!

Seite 38
Vorlage auf 125% vergrößern

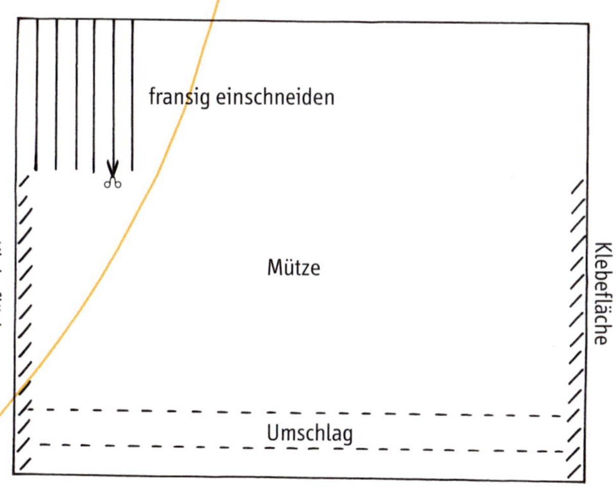

Drei Männchen

Seite 39
Vorlage auf 200% vergrößern

Sternenborte

Seite 41
Vorlage auf 200% vergrößern

Schneewichtel und Grüntannen

Seite 43
Vorlage auf 160% vergrößern

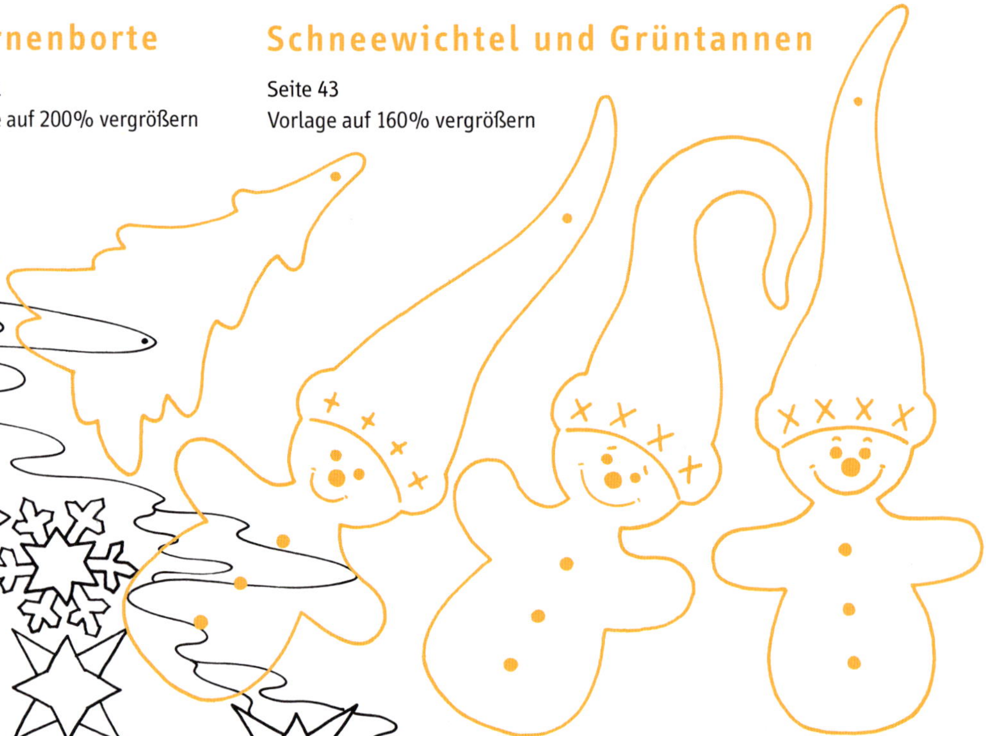

Schneemänner und Tannen

Seite 42
Vorlage auf 160% vergrößern

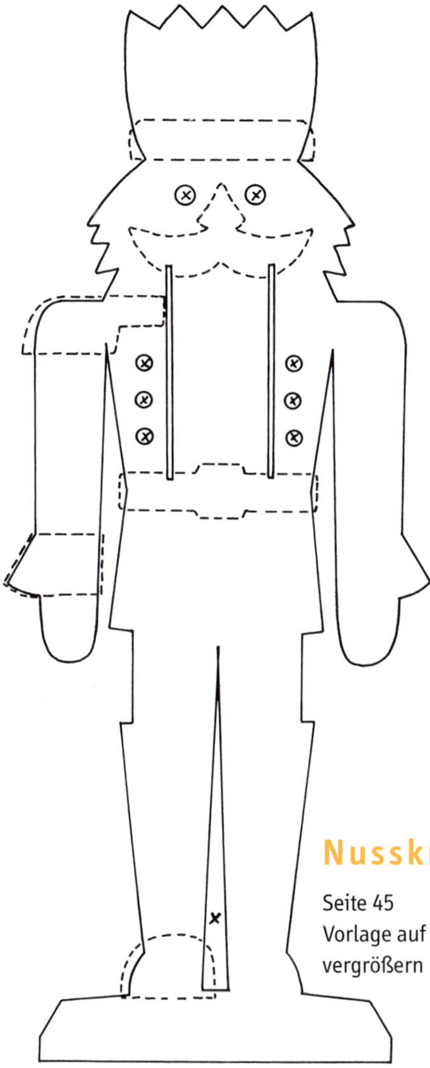

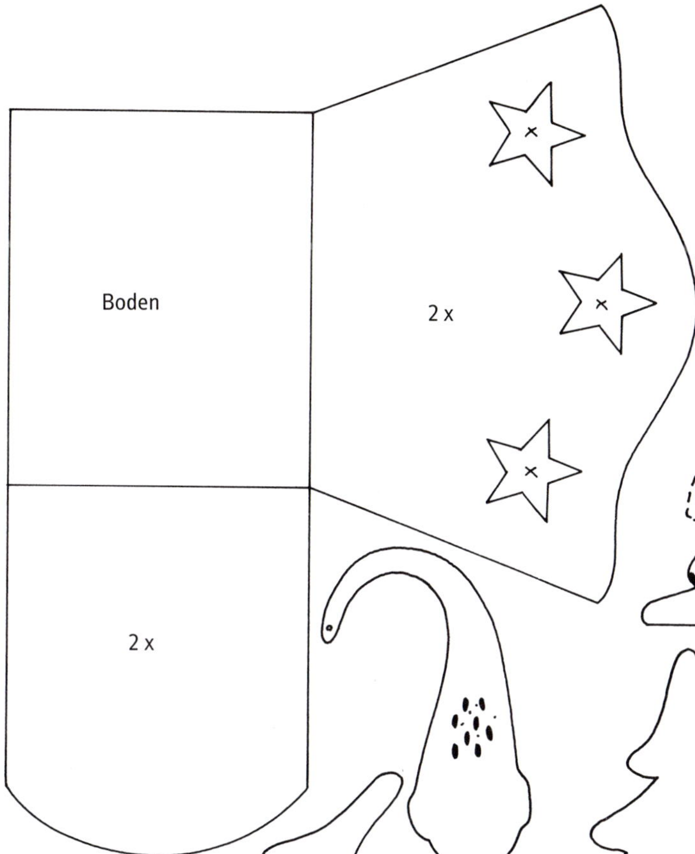

Nussknacker

Seite 45
Vorlage auf 200% vergrößern

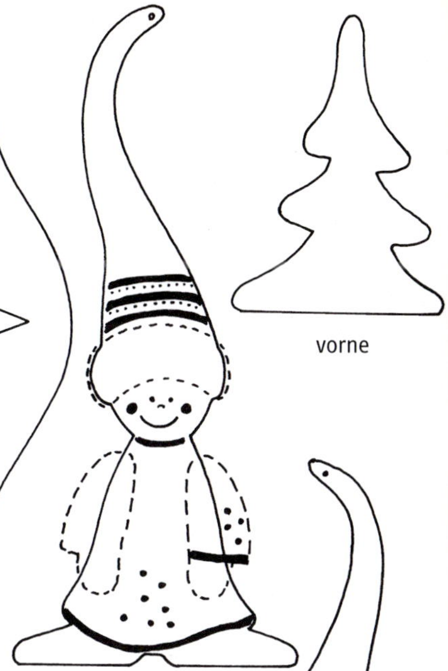

Wichteltrio

Seite 46
Vorlage auf 160% vergrößern

Der Engelschor

Seite 49

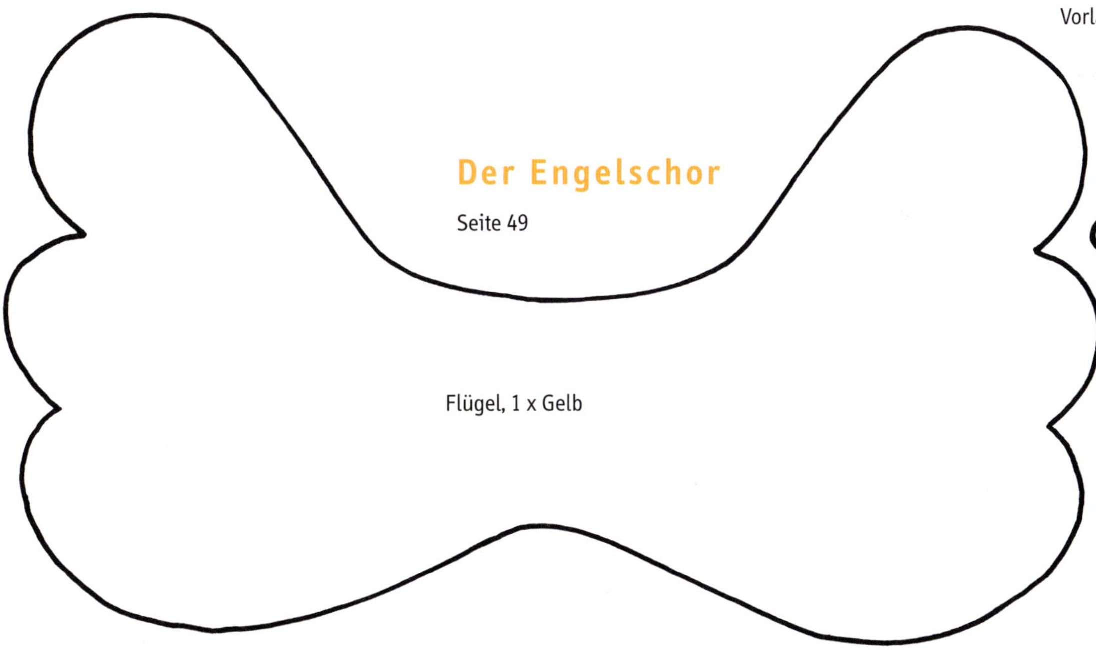

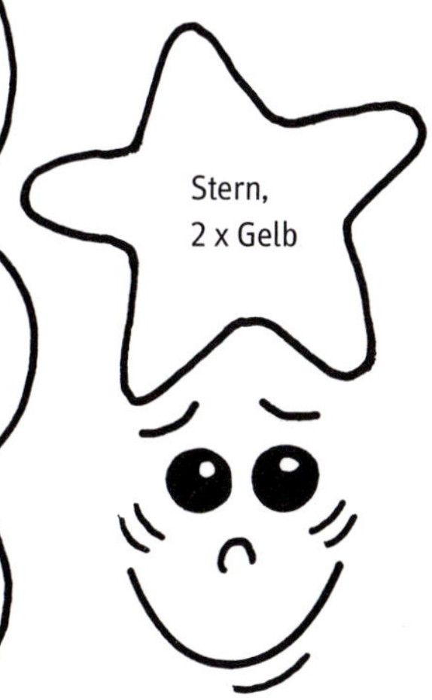

Bunte Holzsterne

Seite 52
Vorlage auf 140% vergrößern

Tontopfengelchen

Seite 106
Vorlage auf 200% vergrößern

Filzsterne

Seite 57

Schaukelpferd & Weihnachtsbaum

Seite 53

Mein liebstes Schaukelpferd

Seite 54
Vorlage auf 160% vergrößern

Vergnügt in Bethlehem

Seite 55
Vorlage auf 140% vergrößern

Kleiner Weihnachtsschwibbogen

Seite 56

Vorlage auf 160% vergrößern

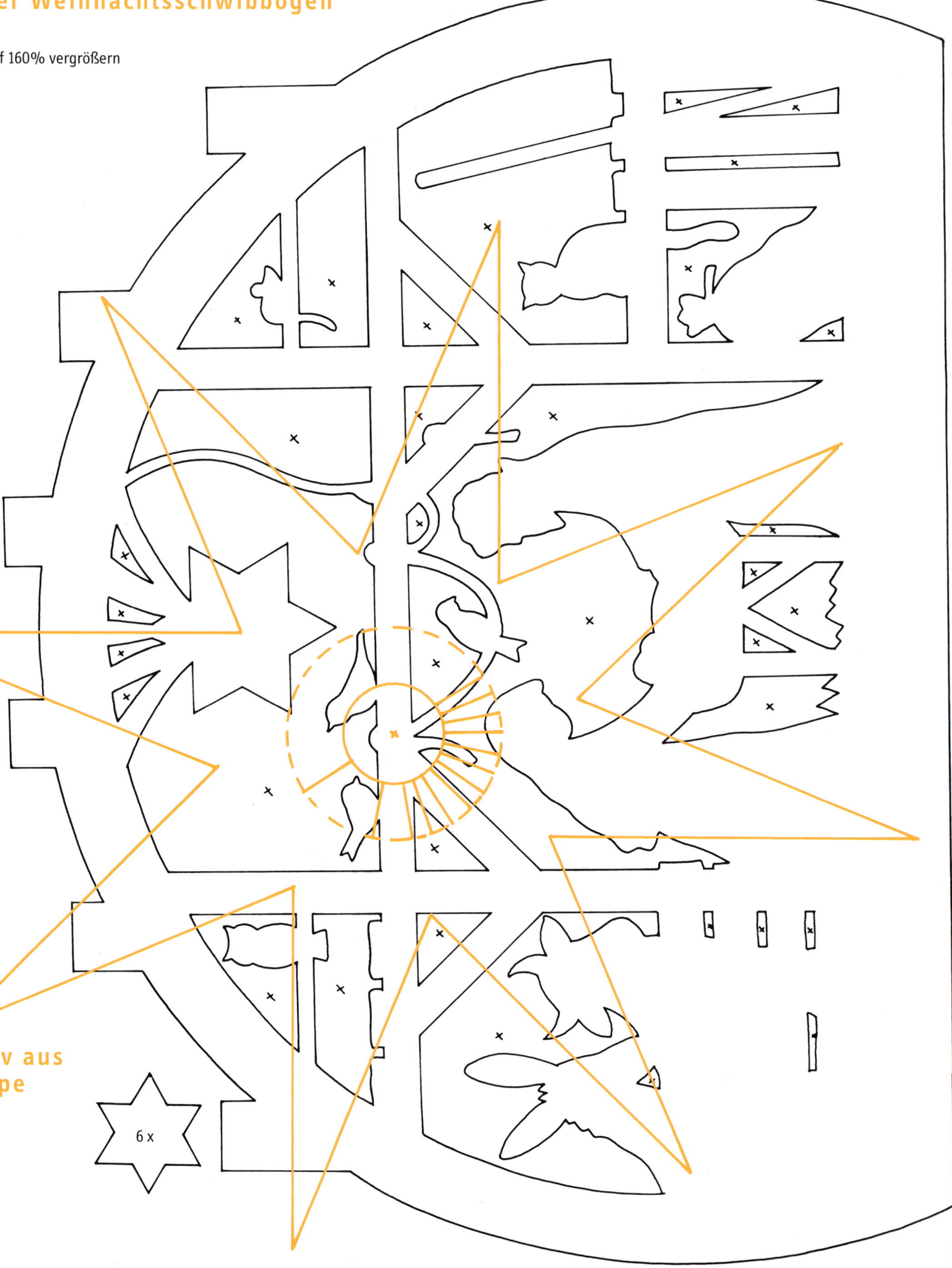

Dekorativ aus Wellpappe

Seite 58

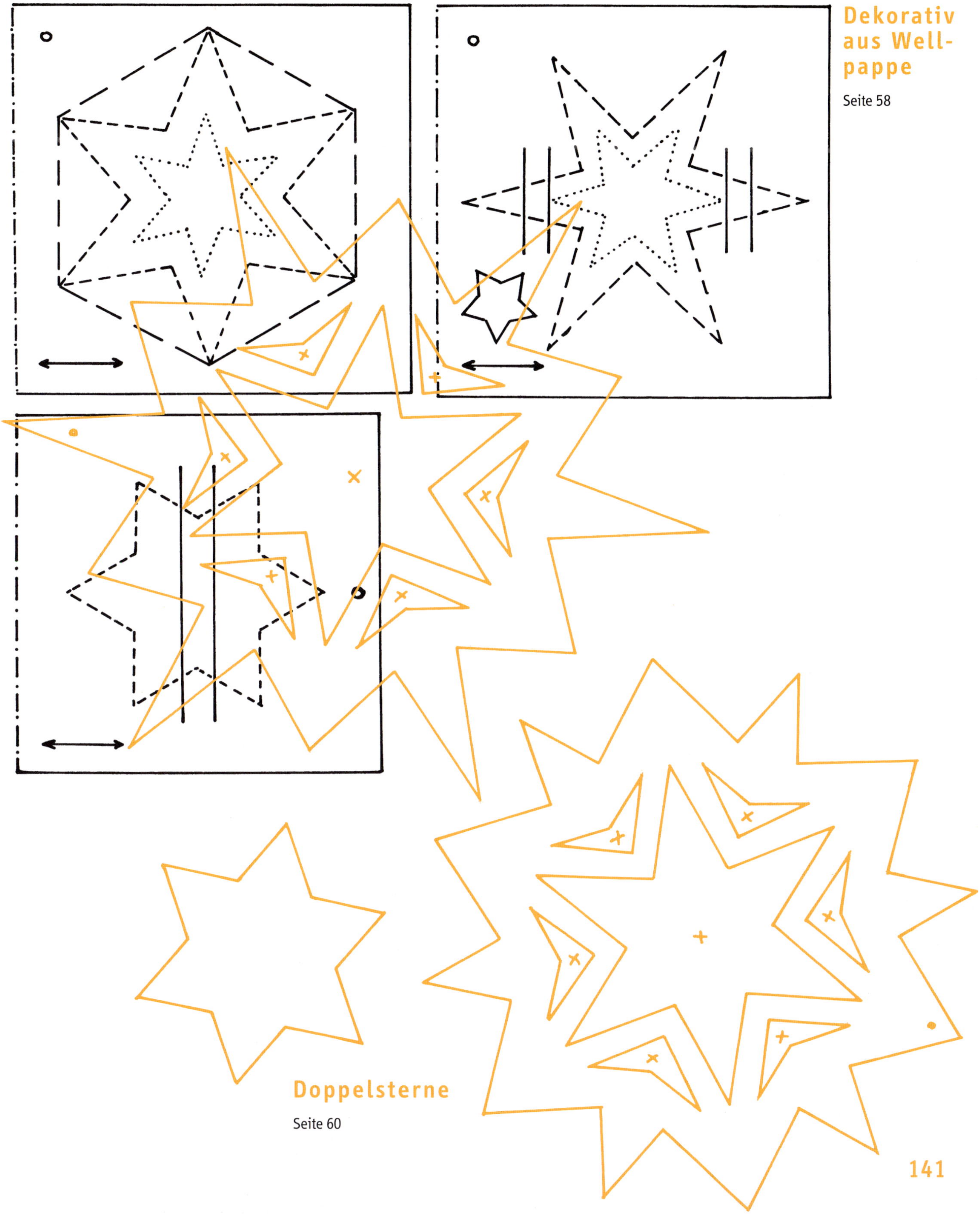

Dekorativ aus Wellpappe

Seite 58

Doppelsterne

Seite 60

Perlensterne in Türkis

Seite 69

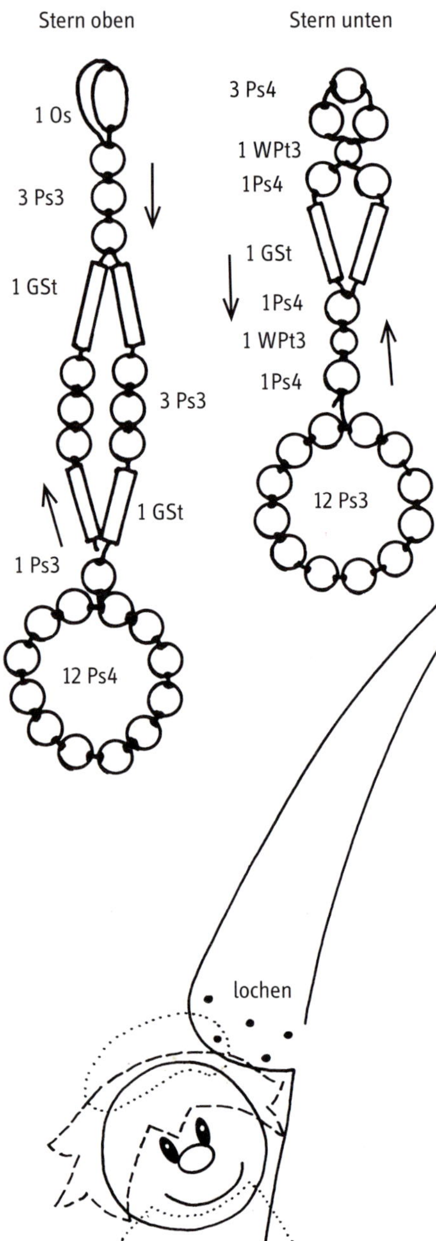

Der liebe Nikolaus

Seite 59
Vorlage auf 160% vergrößern

Happy Holidays

Seite 61
Vorlage auf 160% vergrößern

Happy Holidays

Seite 61
Vorlage auf 160% vergrößern

Knusperhäuschen

Seite 63
Vorlage auf 125% vergrößern

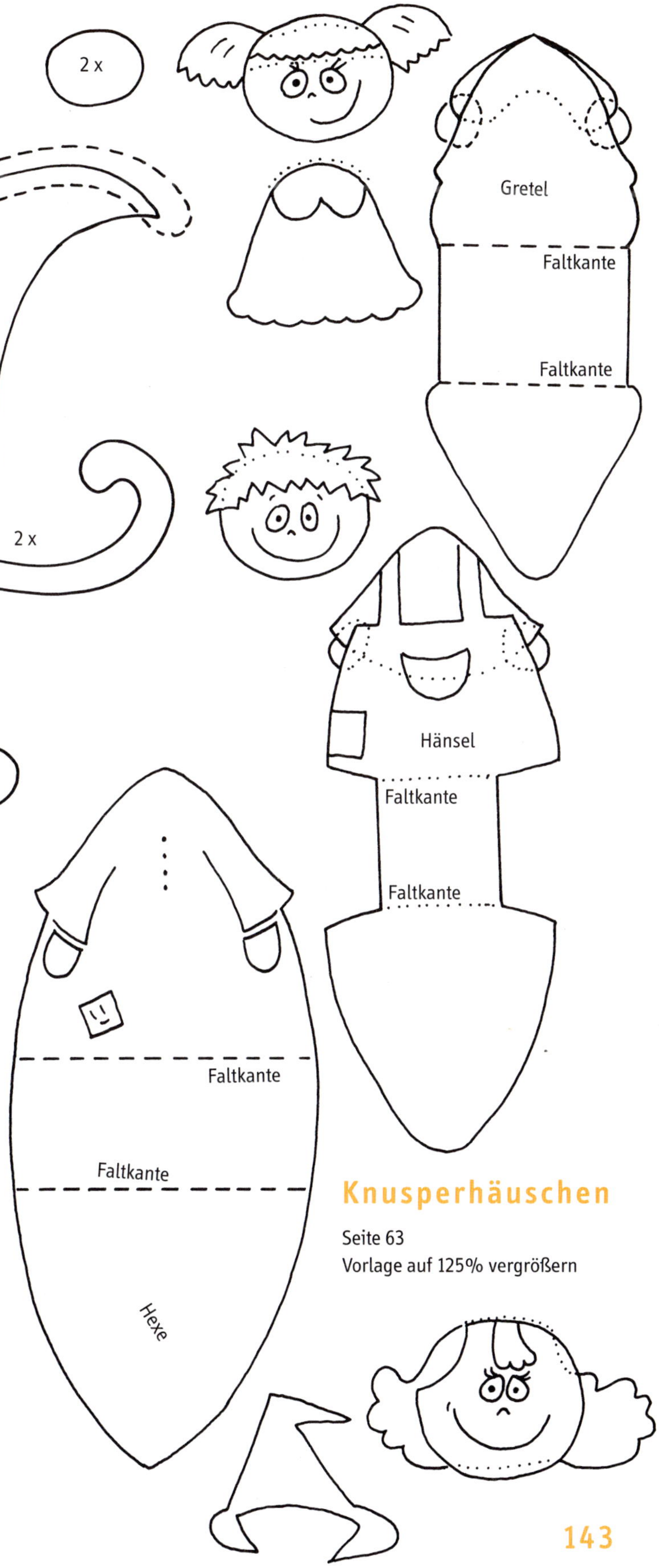

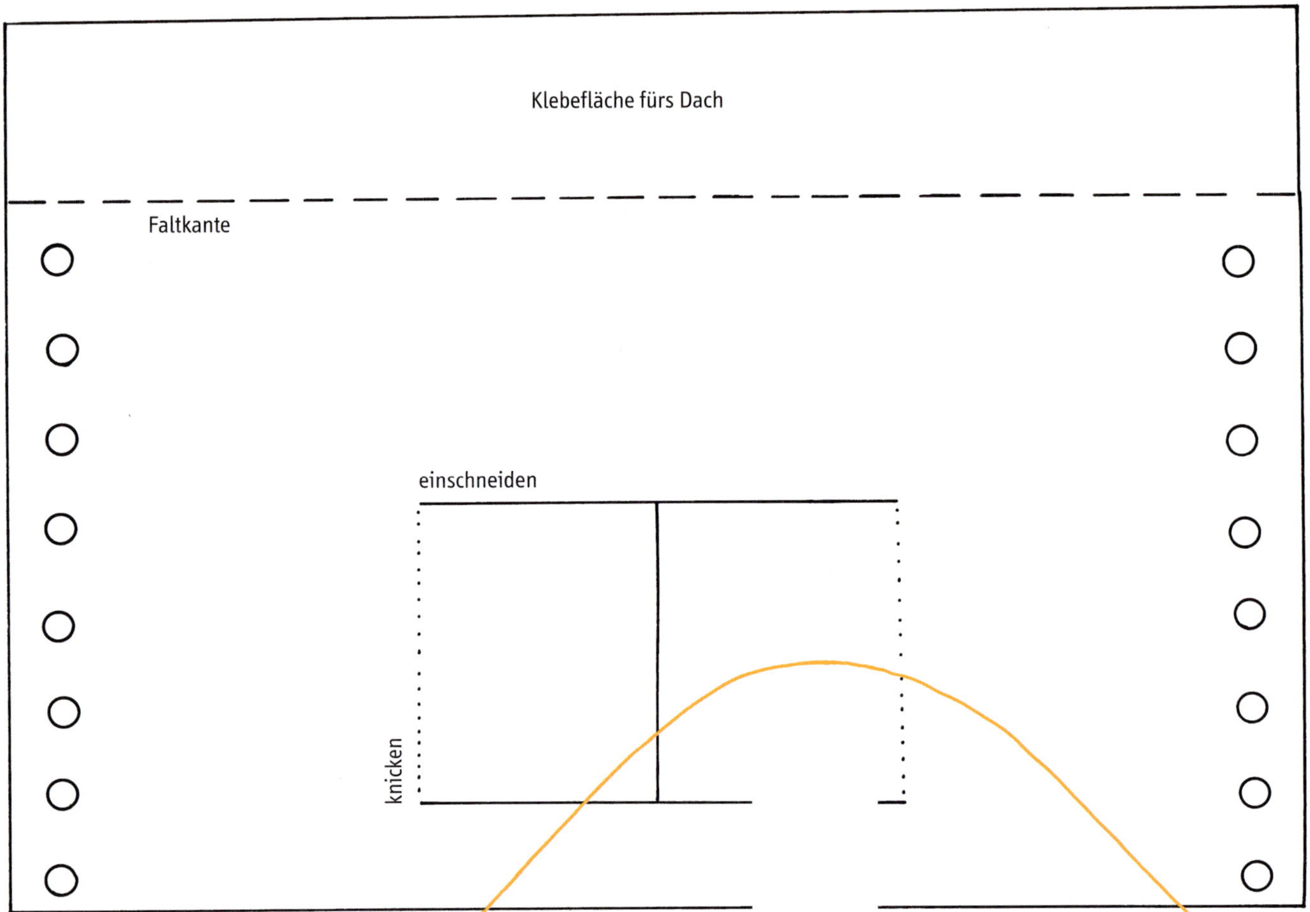

Knusperhäuschen

Seite 63
Vorlage auf 125% vergrößern

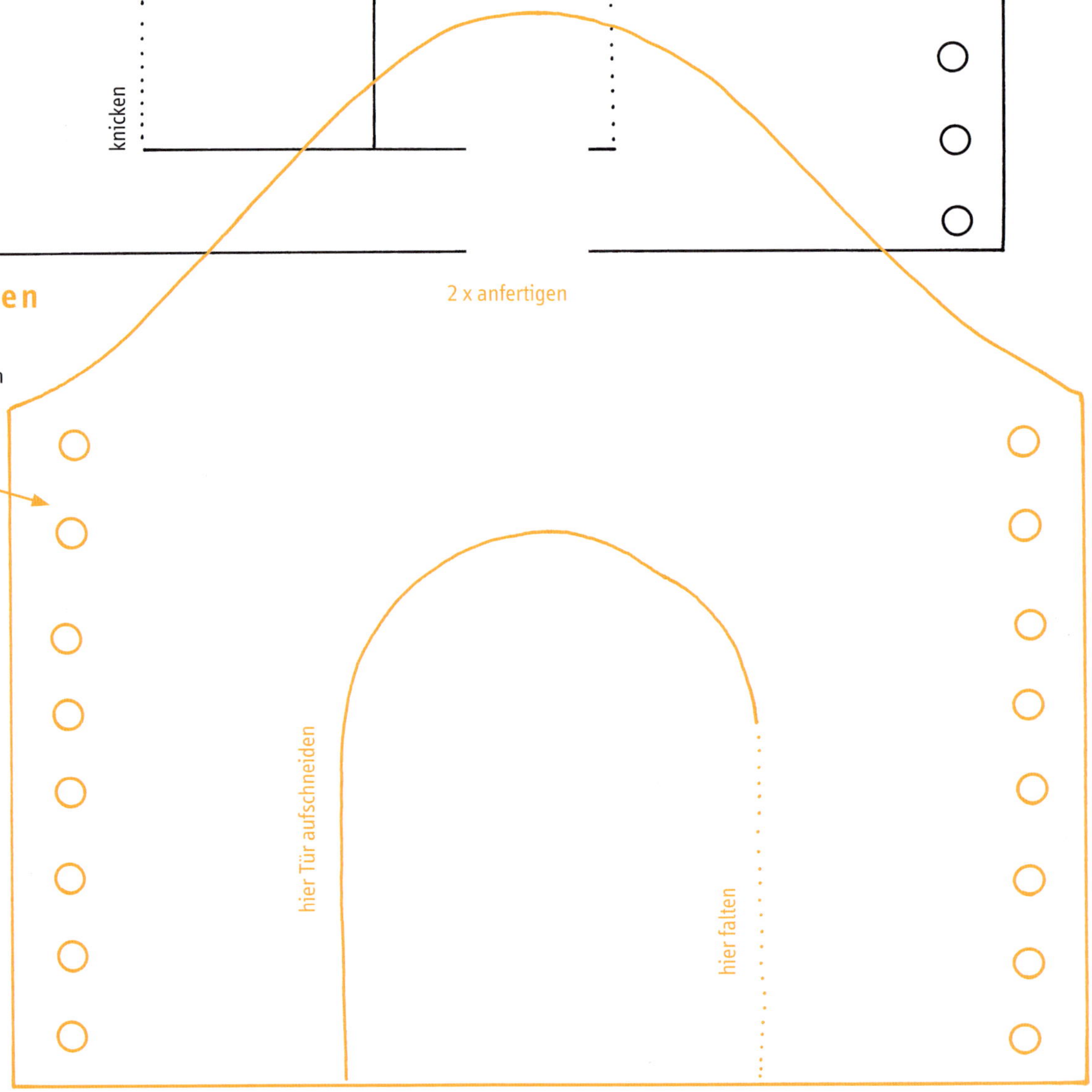

Weihnachtskrippe

Seite 64
Vorlage auf 160% vergrößern

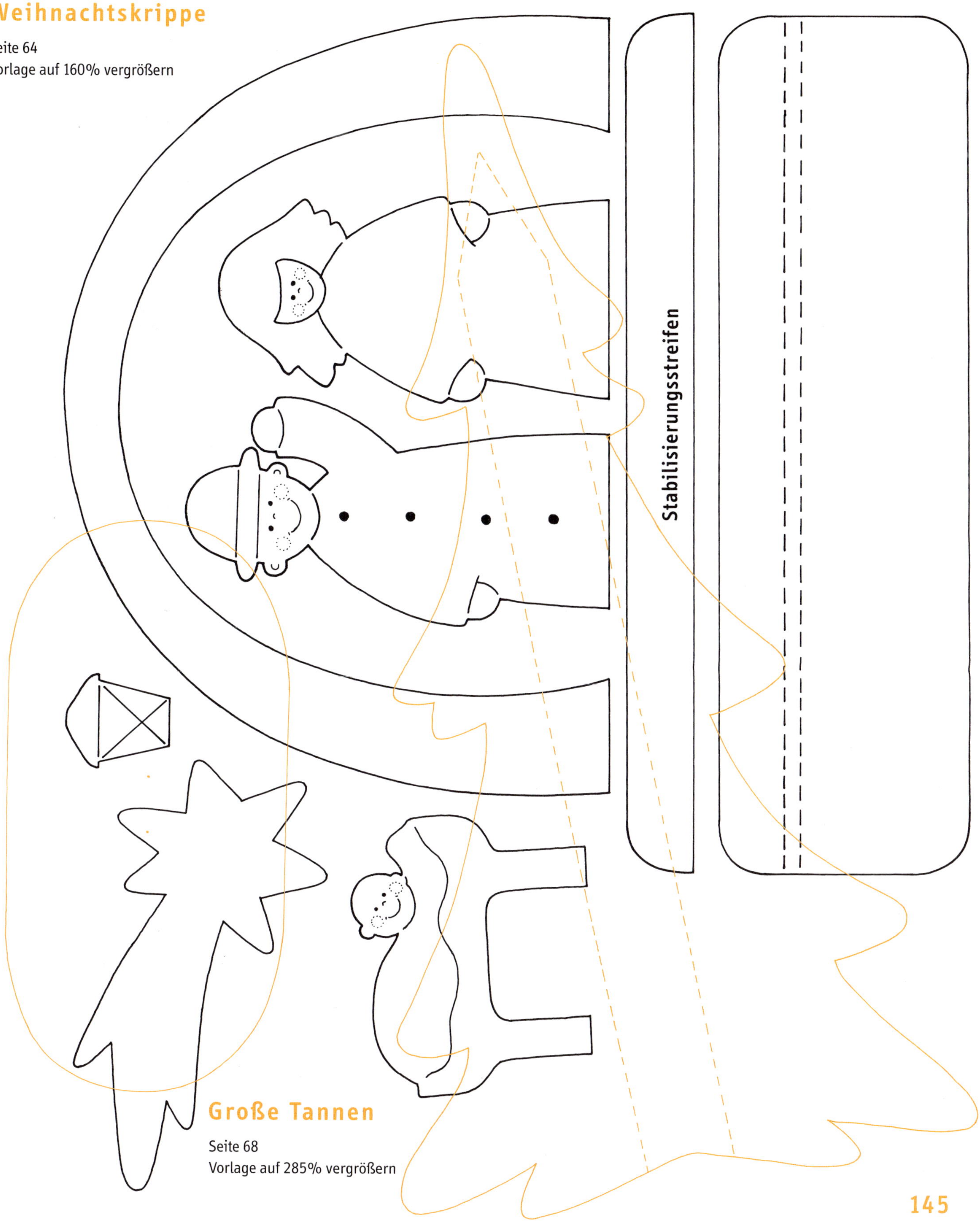

Große Tannen

Seite 68
Vorlage auf 285% vergrößern

Das Rentier tanzt

Seite 66
Vorlage auf 200% vergrößern

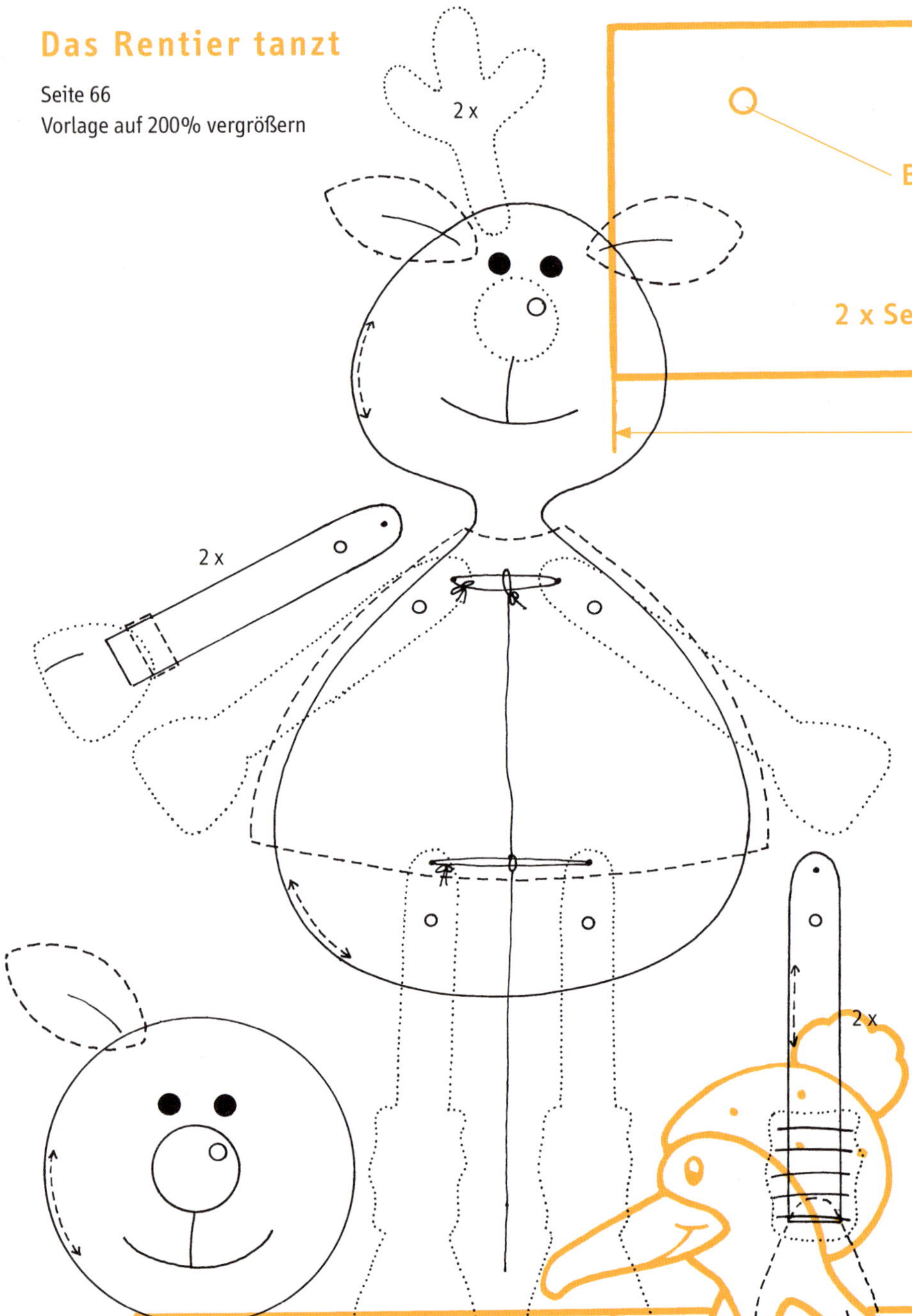

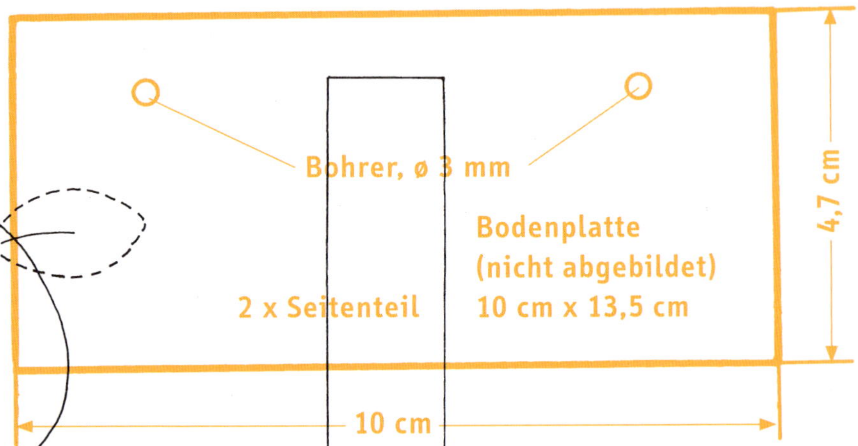

Pinguinkörbchen

Seite 67

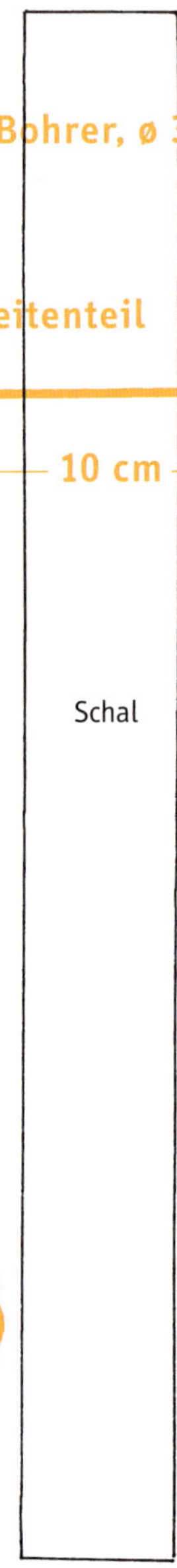

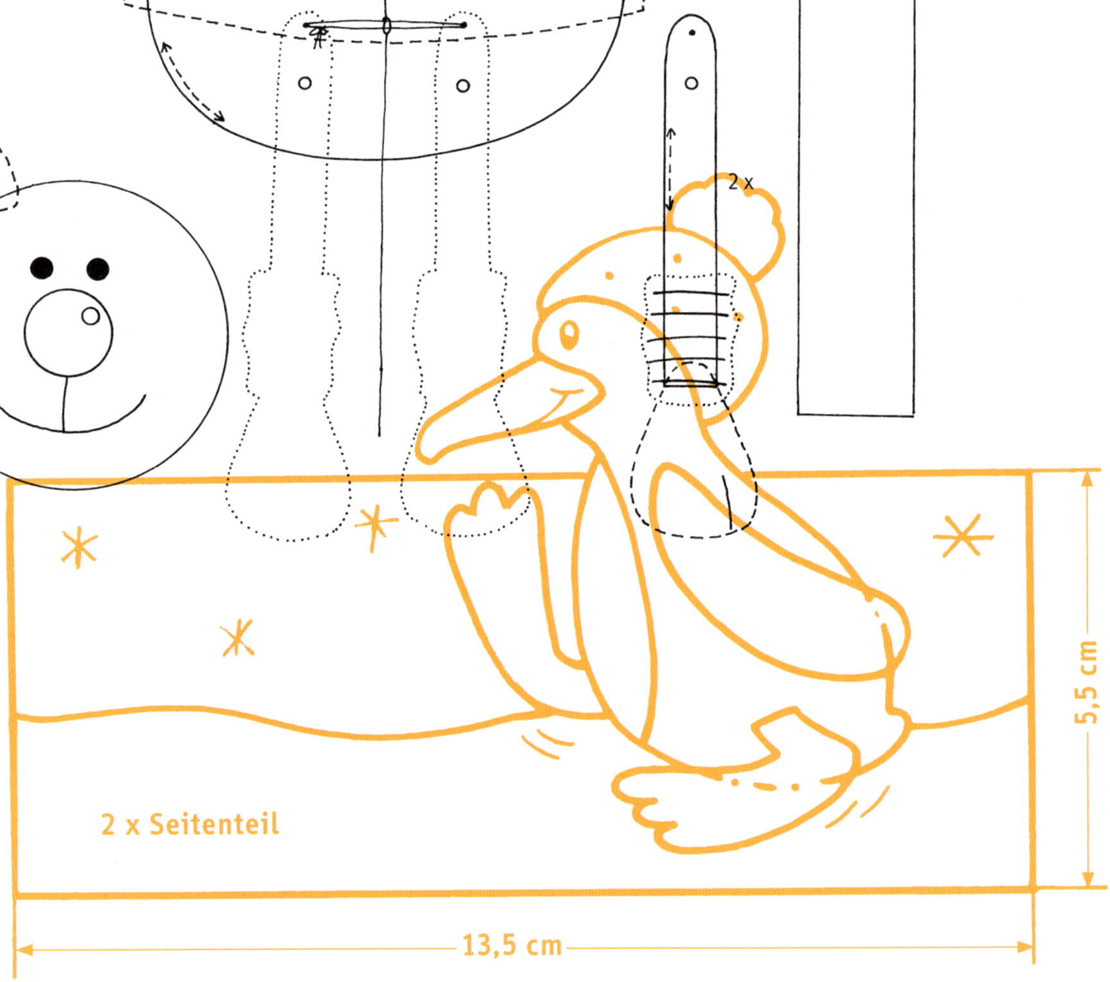

Pinguin-körbchen

Seite 67

Hallo, Winter!

Seite 76

Schneemannwindlicht

Seite 71

Vorlage auf 160% vergrößern

Raffiniert gefaltet

Rote Aufstellkarte
Seite 78
Vorlage auf 160% vergrößern

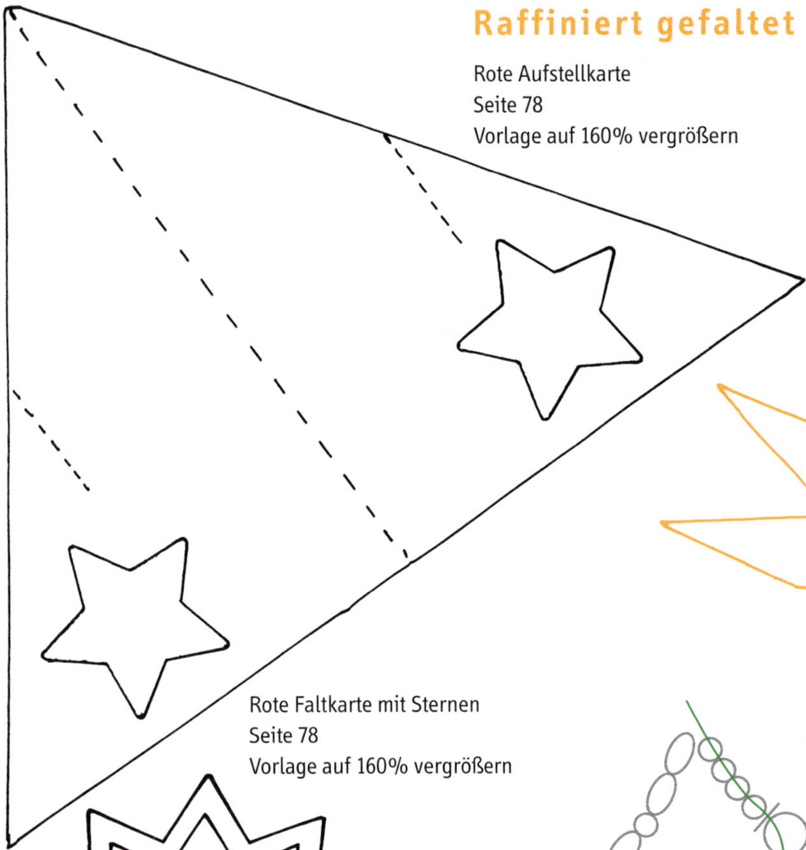

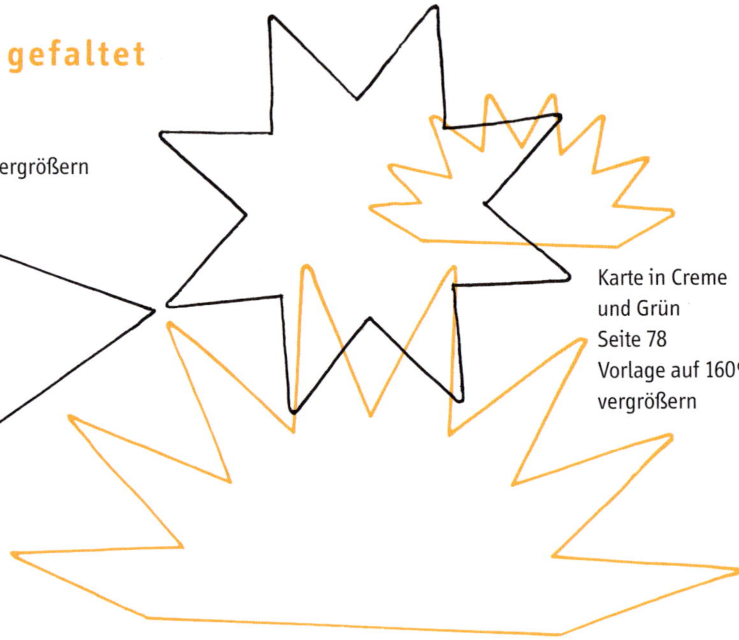

Karte in Creme
und Grün
Seite 78
Vorlage auf 160% vergrößern

Rote Faltkarte mit Sternen
Seite 78
Vorlage auf 160% vergrößern

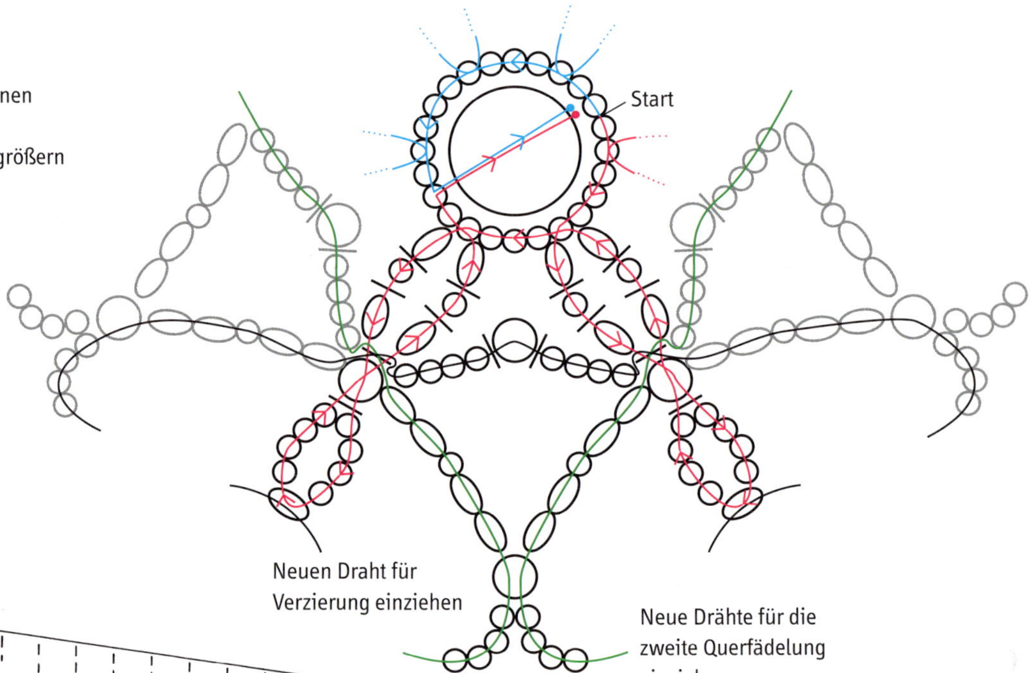

Prunkvolle Weihnachten

Seite 82

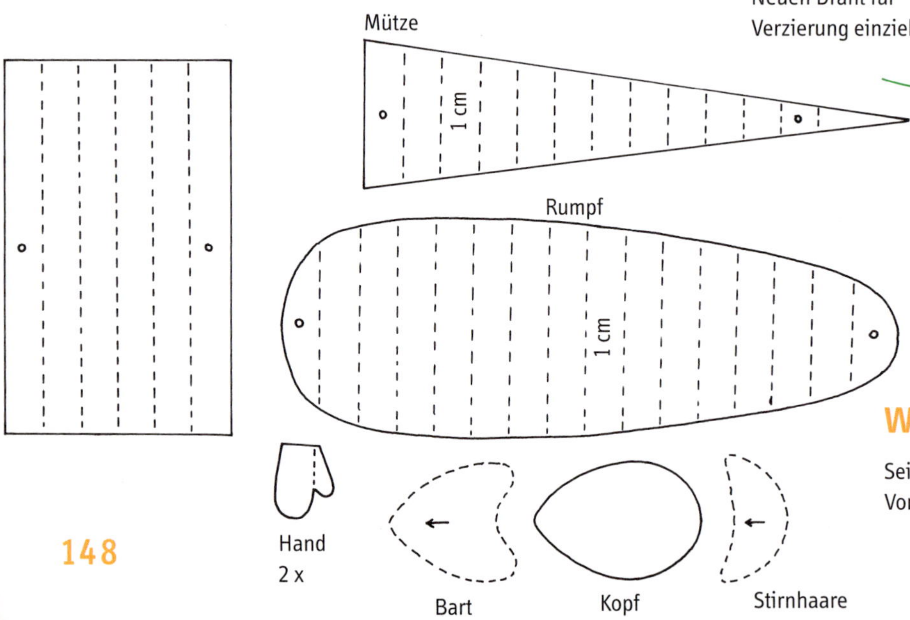

Weihnachtsmänner-Trio

Seite 117
Vorlage auf 200% vergrößern

Zweifarbige Perlen-Lichtschalen

Seite 79

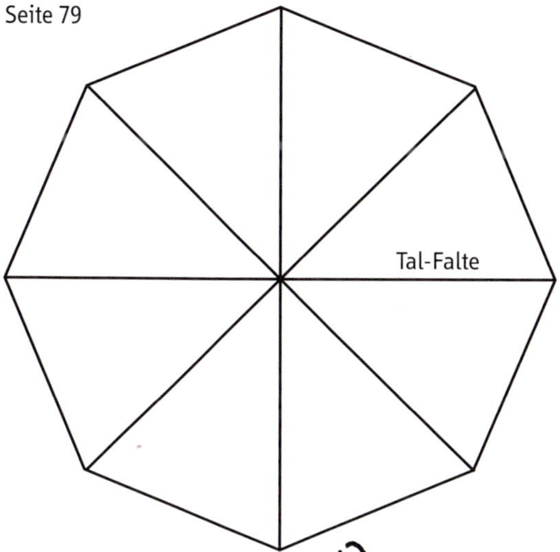

Weihnachtsmann zwischen Tannen

Seite 80

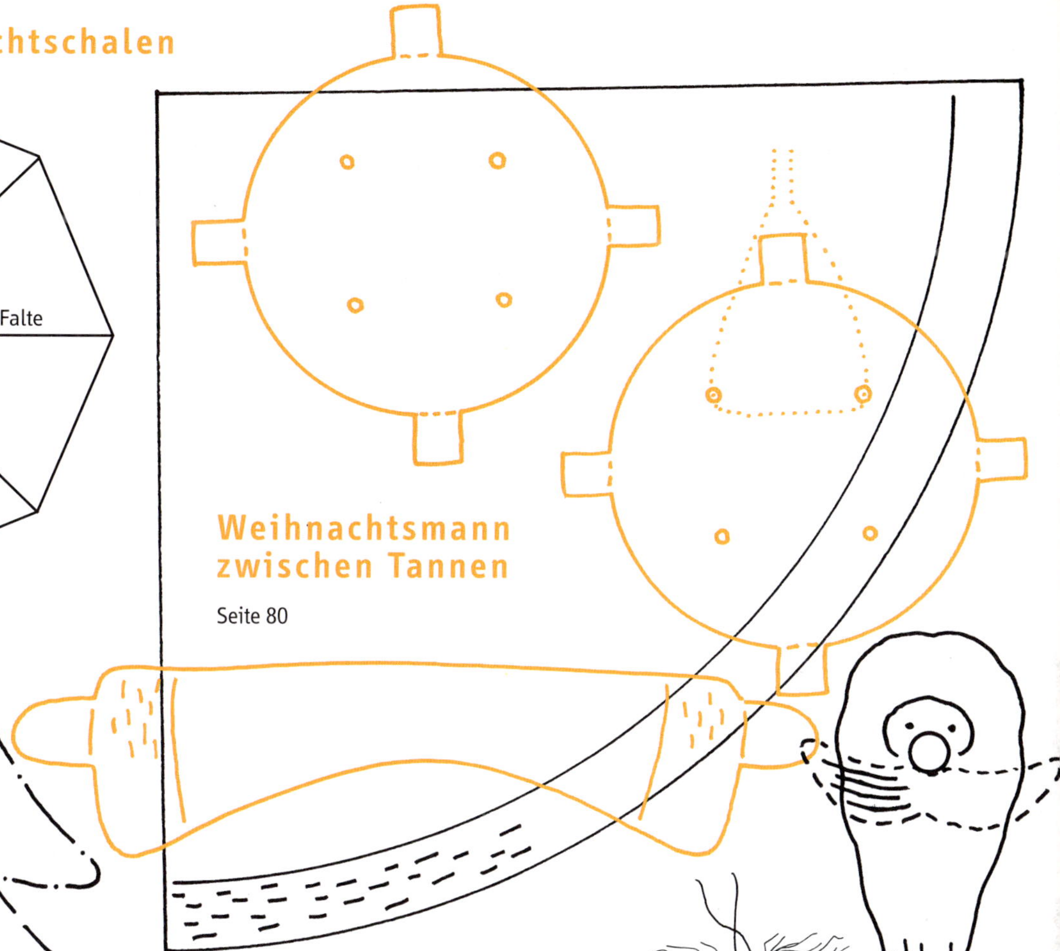

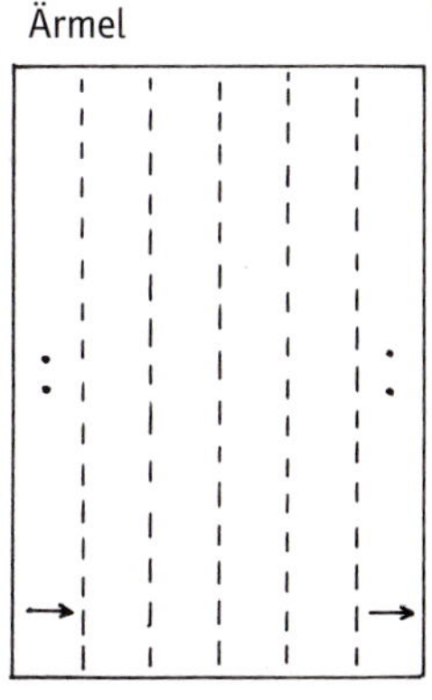

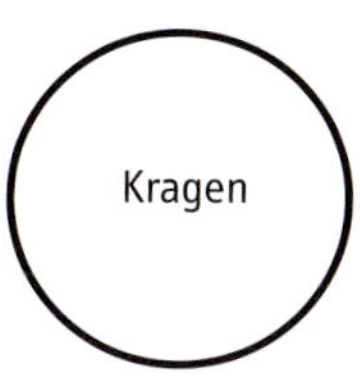

Engel mit Silberhaar

Seite 116
Vorlage auf 200% vergrößern

Treppenhocker

Seite 81
Vorlage auf 200% vergrößern

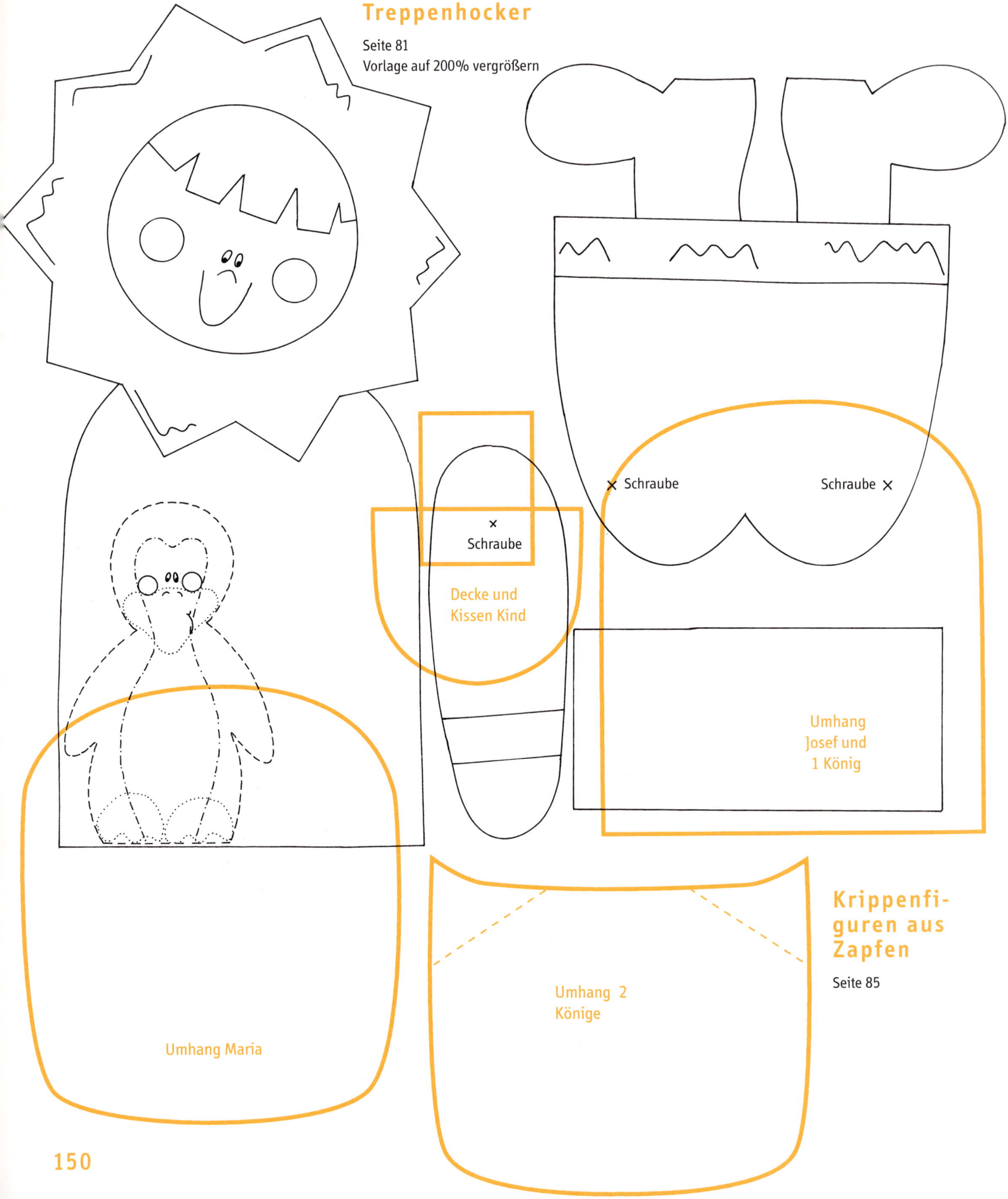

Krippenfiguren aus Zapfen

Seite 85

Weihnachtspost

Seite 84
Vorlage auf 160% vergrößern

Weihnachtskarten

Seite 86
Vorlage auf 125% vergrößern

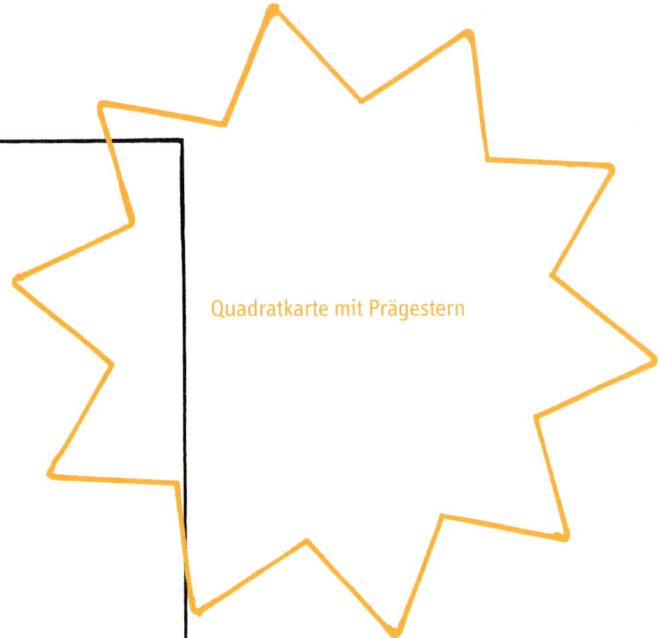

Eisige Schönheiten

Seite 88

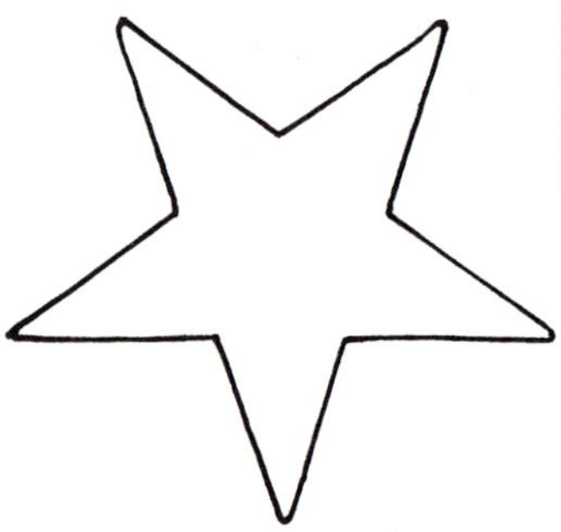

Apfelgrüne Kugeln

Seite 92

Rudi & Santa Claus

Seite 107

Vorlage auf 200% vergrößern

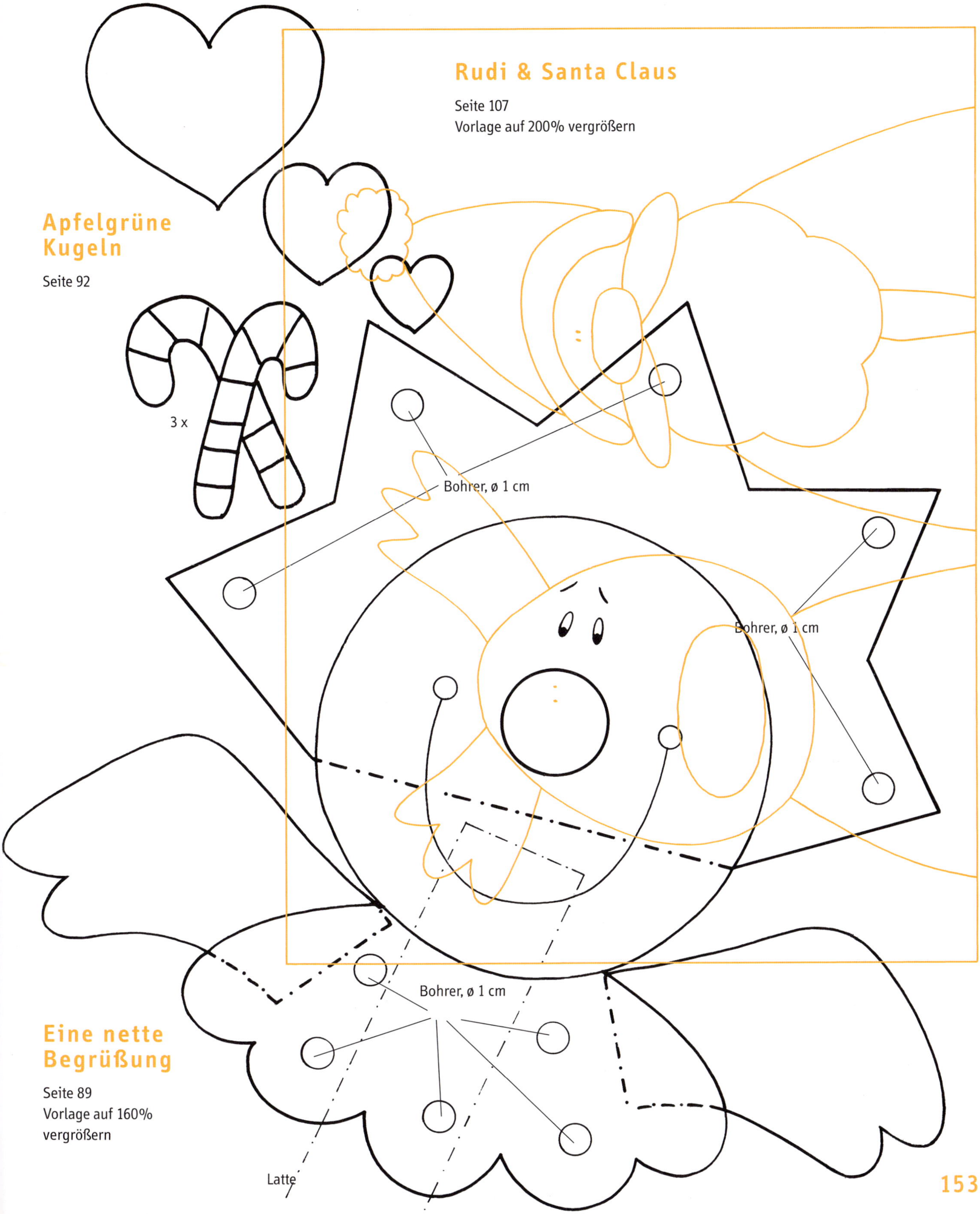

Eine nette Begrüßung

Seite 89

Vorlage auf 160% vergrößern

Windowcolor-Sterne

Seite 91
bitte auf 141 % vergrößern

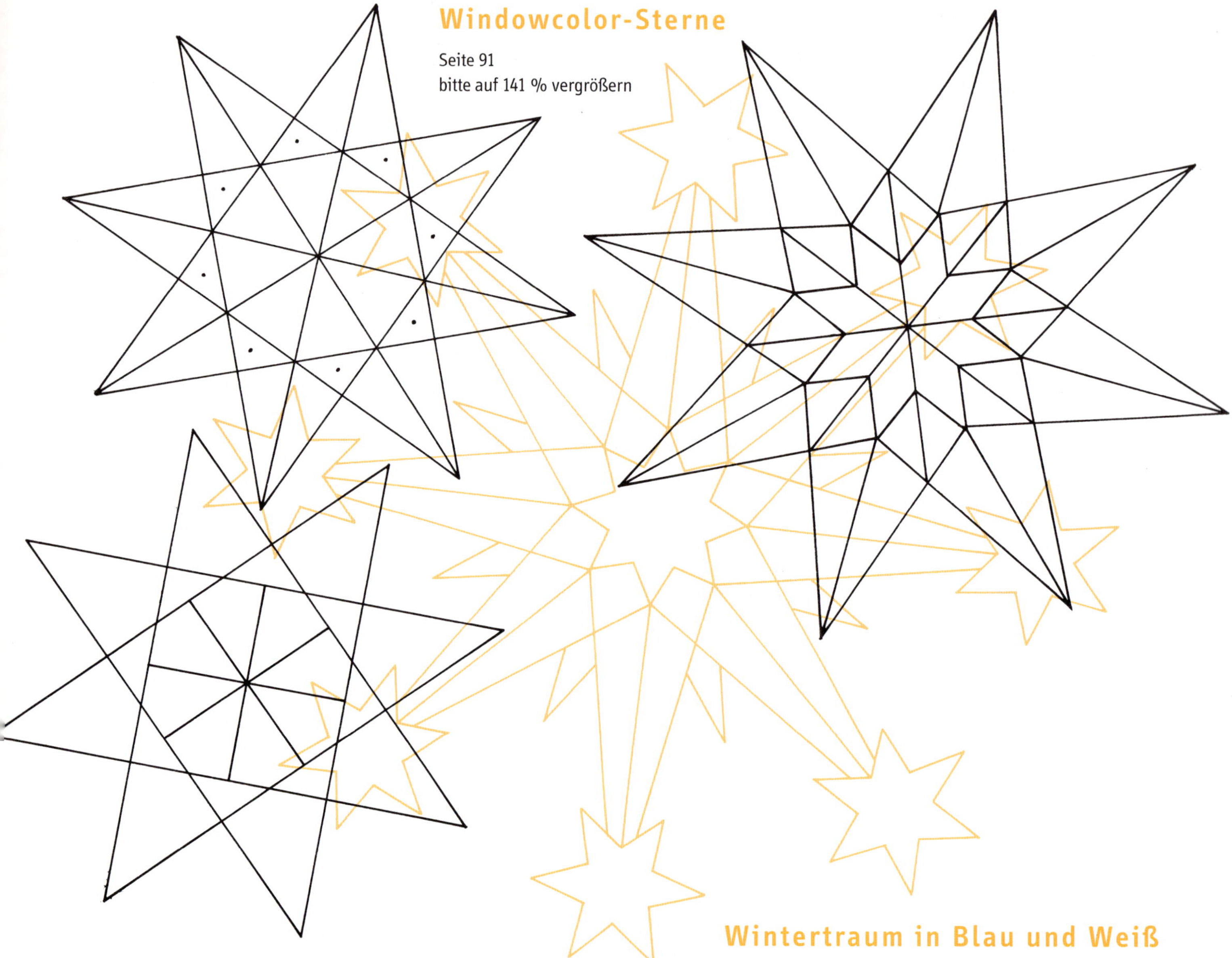

Wintertraum in Blau und Weiß

Seite 100-105
bitte auf 160% vergrößern

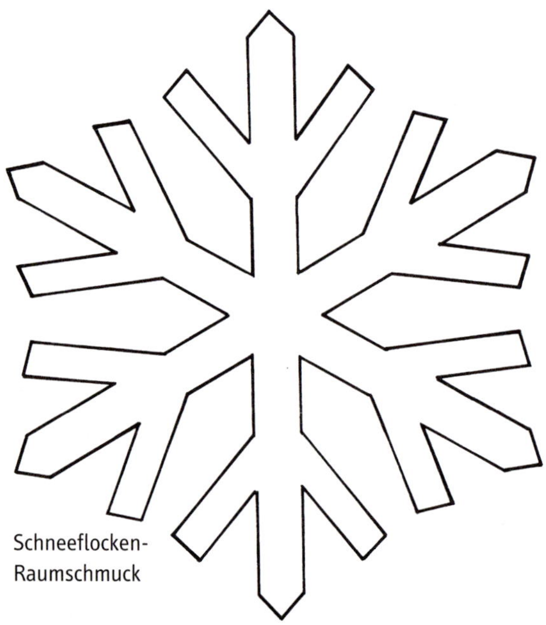

Schneeflocken-
Raumschmuck

Tischgesteck

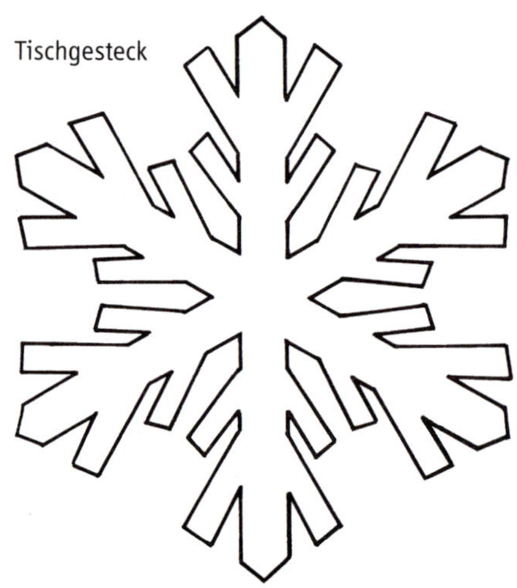

Kleine Schneemänner

Fliege

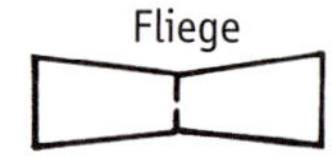

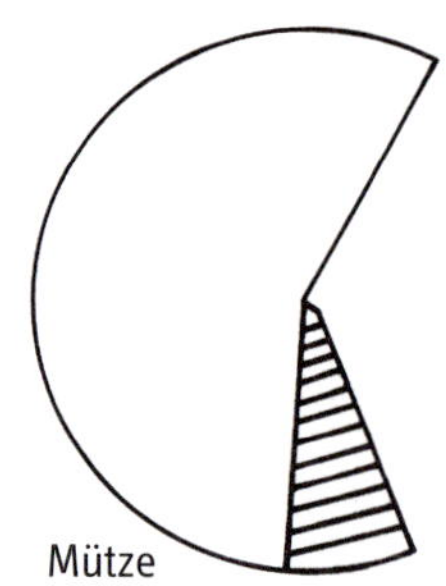

Mütze

Windowcolor-Sterne

Seite 91
bitte auf 141% vergrößern

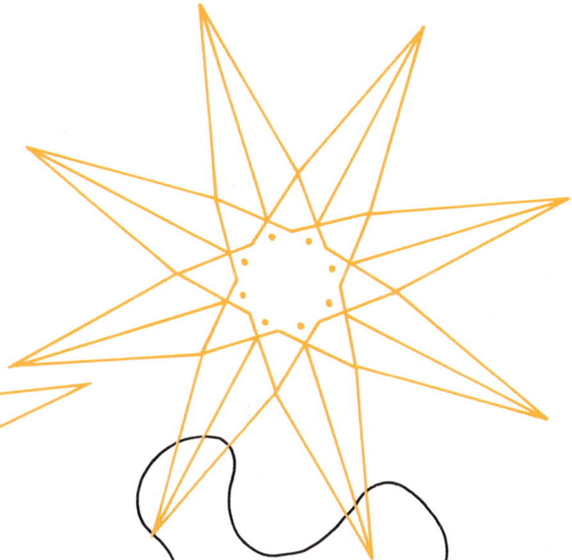

Weihnachtsduo

Seite 93
bitte auf 200% vergrößern

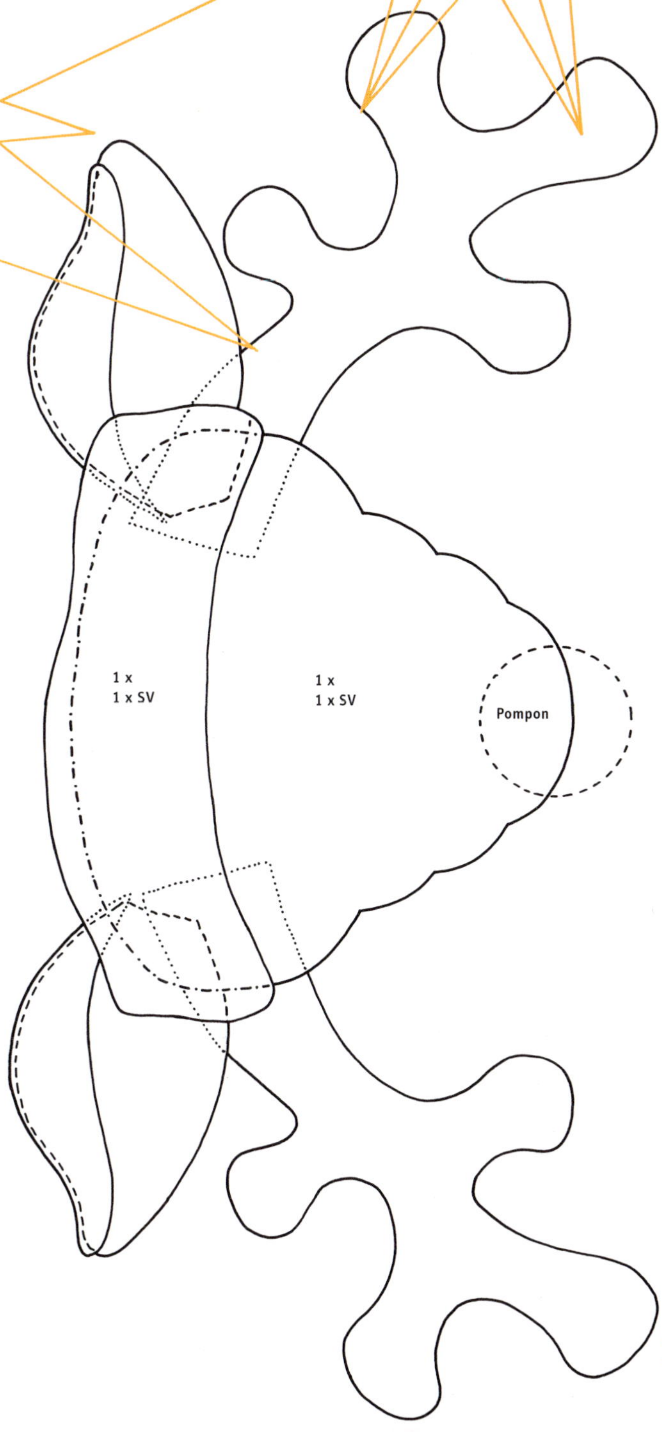

Weihnachtsduo

Seite 93
bitte auf 200% vergrößern

Krippe aus Bastelfilz

Seite 95
bitte auf 200% vergrößern

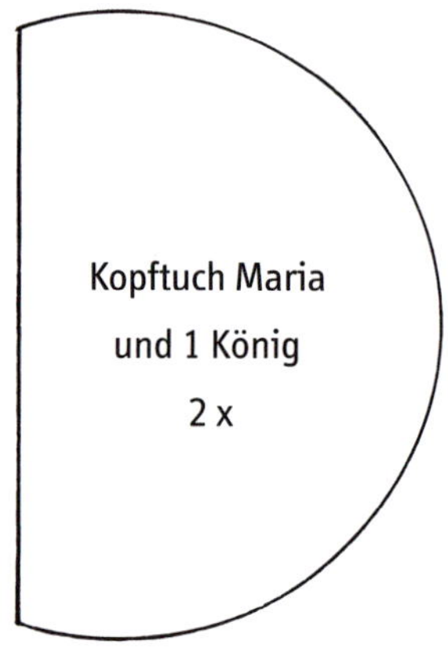

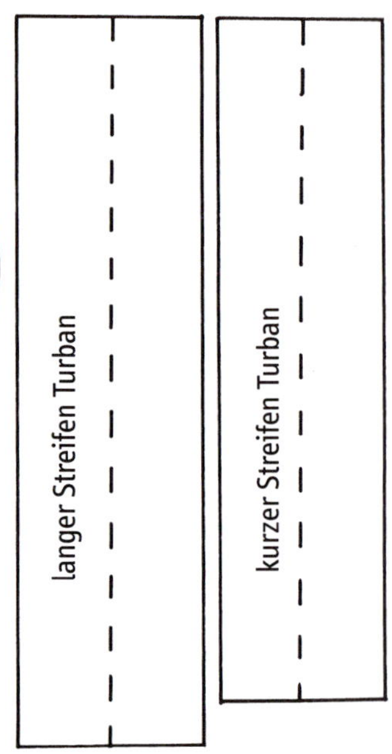

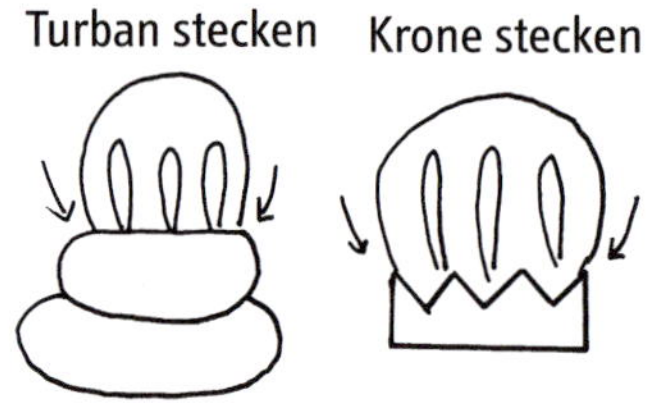

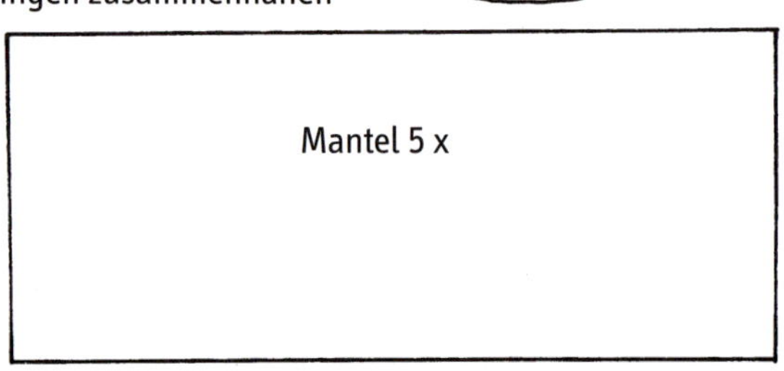

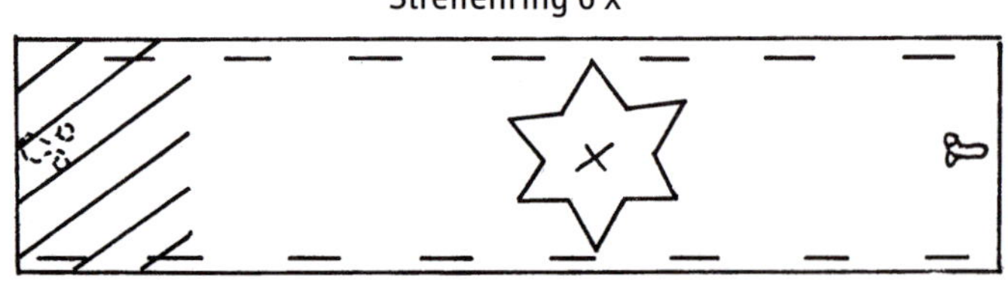

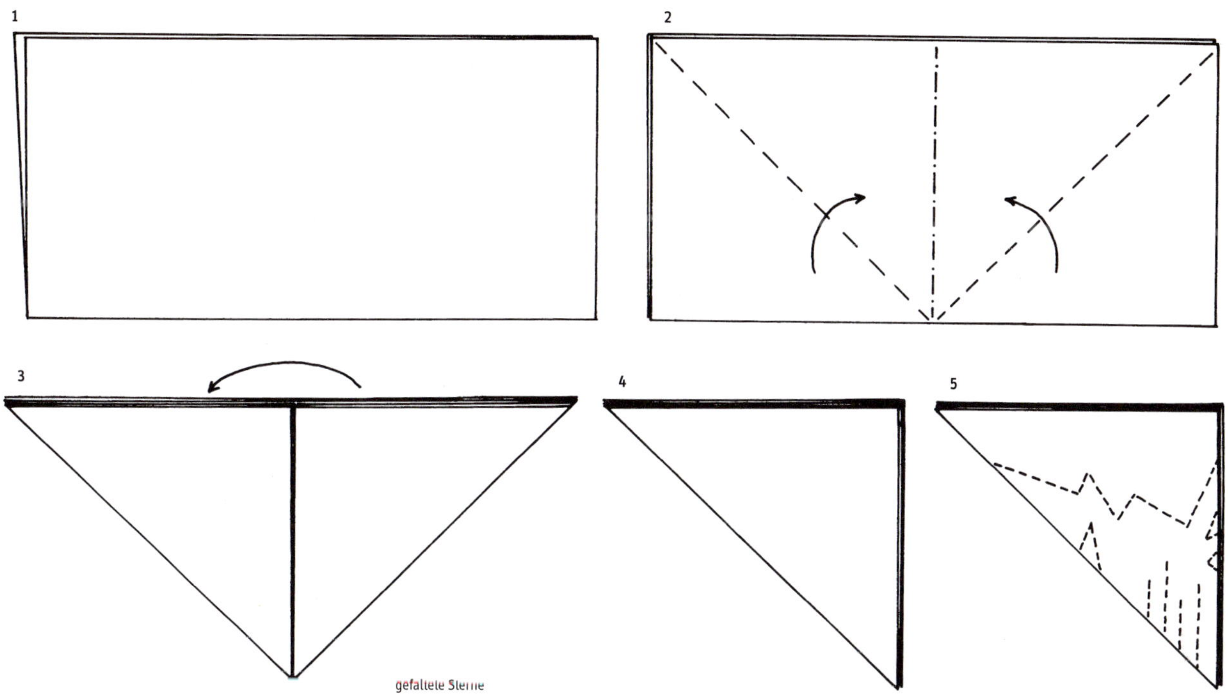

gefaltete Sterne

Flache Foliensterne

Seite 94
bitte auf 160% vergrößern

Krippe aus Bastelfilz

Seite 95
bitte auf 200% vergrößern

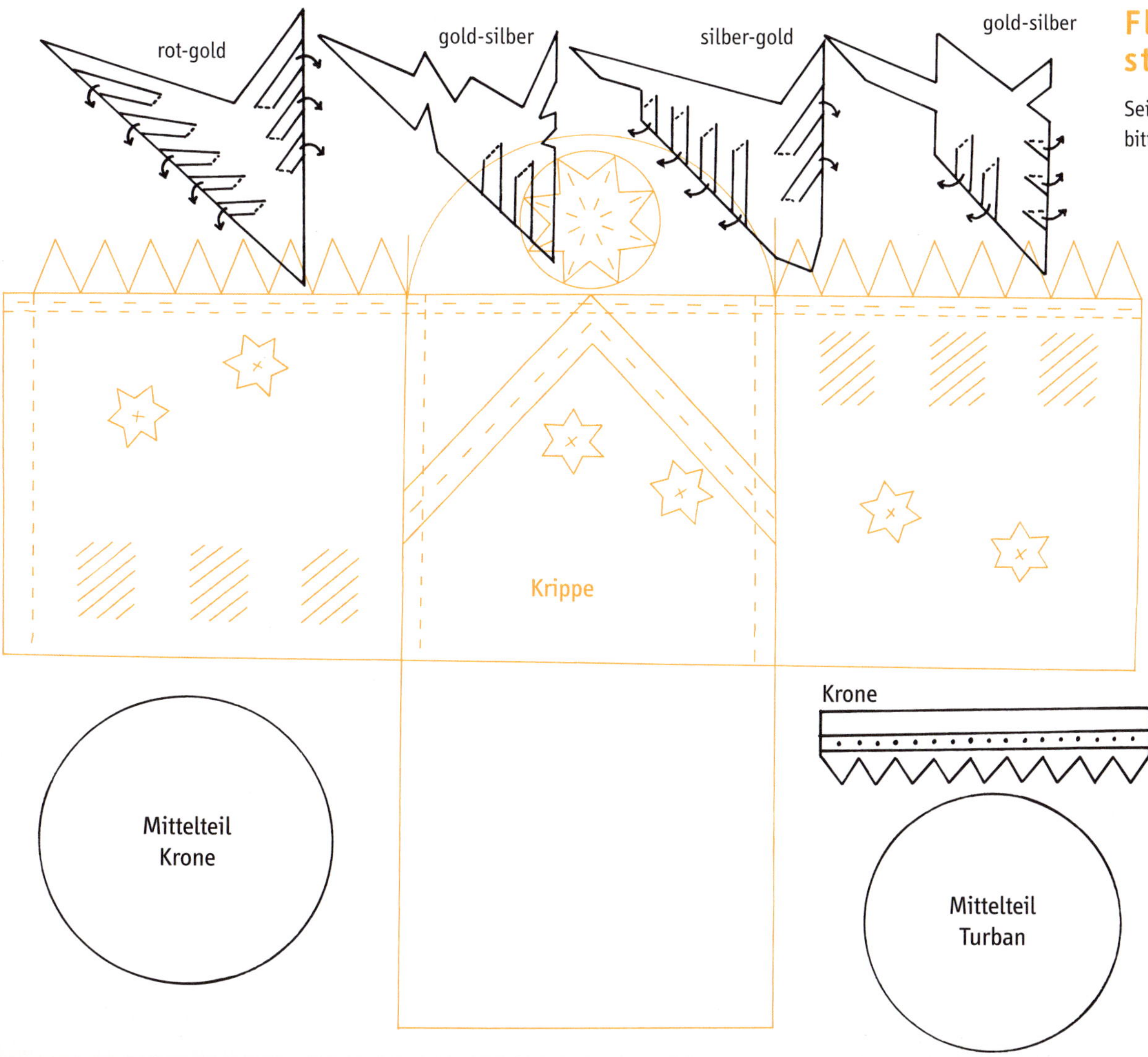

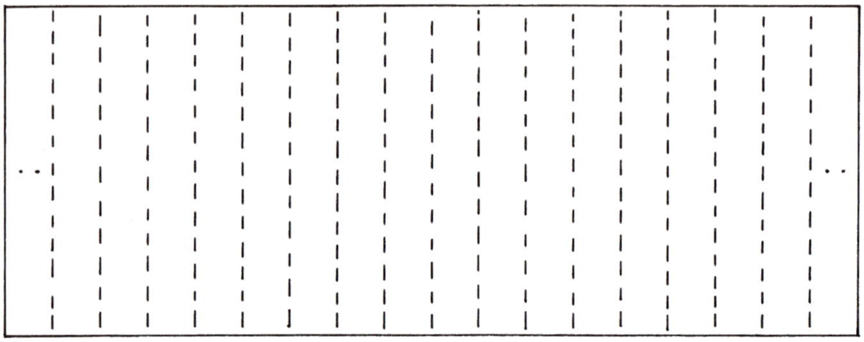

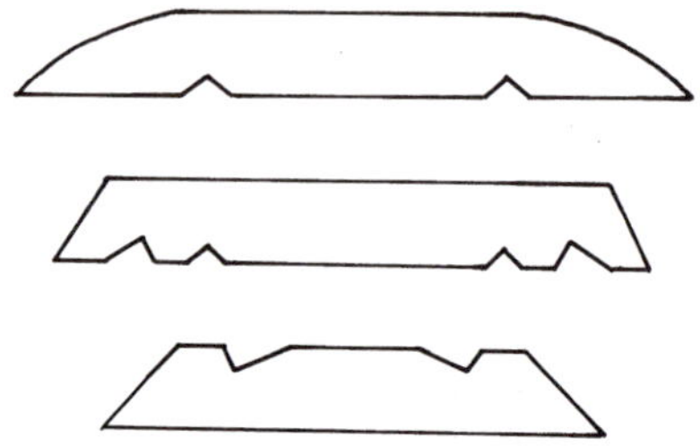

Mittelzacken der Nachtsterne

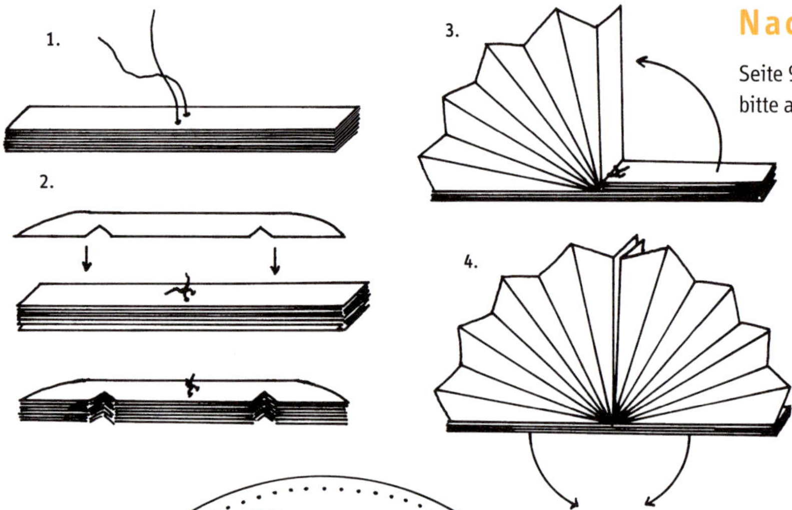

Nacht- und Goldsterne

Seite 99
bitte auf 160% vergrößern

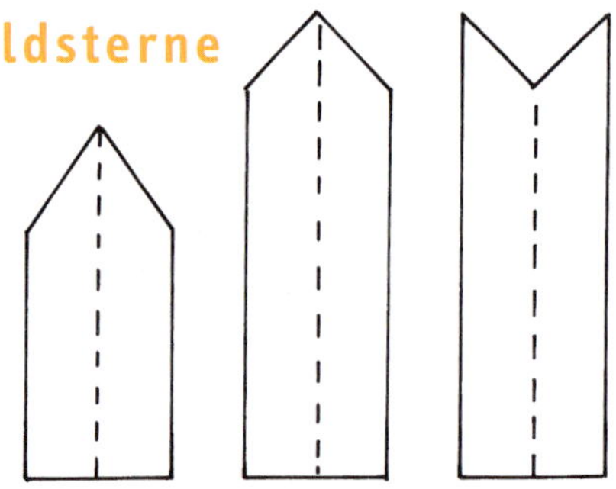

Goldsternspitzen

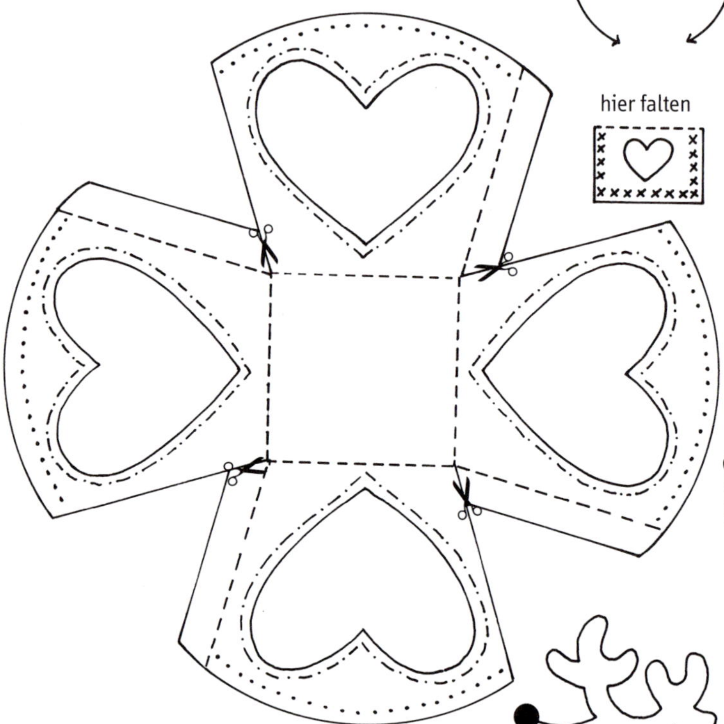

hier falten

Rudi Rentier und seine Freunde

Seite 110/111
bitte auf 200% vergrößern

Merry Christmas

Seite 70
bitte auf 200% vergrößern

Lustige Weihnachtsmänner

Seite 77
bitte auf 200% vergrößern

Malerische Engel

Seite 90
bitte auf 200% vergrößern

IMPRESSUM

Hilfestellung zu allen Fragen, die Materialien und Bastelbücher betreffen: Frau Erika Noll berät Sie. Rufen Sie an: 0 71 50 / 30 27 77 (normale Telefongebühren)

AUTORINNEN UND AUTOREN: Annette Bayer (Seite 100-105), Monika Gänsler (Seite 19, 30, 67, 89, 106), Stephanie Göhr/Sieglinde Holl (Seite 85), Gundula Günzel (Seite 86), Sigrid Heinzmann (Seite 98), Sieglinde Holl (Seite 14, 25, 44, 52, 114/115), Ute Iparraguire De Las Casas (Seite 41, 76, 92), Claudia Jakobi (Seite 70), Angelika Kipp (Seite 35, 54), Kornelia Milan (Seite 20, 82/83, 95), Pia Pedevilla (Seite 13, 15, 18, 24, 61, 66, 84, 87, 110/111), Anja Ritterhoff (Seite 62/63), Alice Rögele (Seite 38), Heidrun Röhr (Seite 48), Heike Roland/Stefanie Thomas (Seite 22, 23, 33, 55, 107), Helma Rossow (Seite 78, 88), Gudrun Schmitt (Seite 34, 71, 72, 73, 81), Martina Schröder/Marion Vogel (Seite 39, 49, 93), Eva Sommer (Seite 16, 17, 28), Christiane Steffan (Seite 59), Armin Täubner (Seite 12, 29, 31, 32, 36/37, 42, 43, 45, 46, 53, 56, 60, 64, 68, 77, 80, 90, 99, 116, 117), Armin Täubner/Inge Walz (Seite 21, 57, 58, 69, 91, 94), Margarete Vogelbacher (Seite 79, 108, 109), Inge Walz (Seite 40, 47, 65), Dorothee Zeep (Seite 112, 113)

PROJEKTMANAGEMENT: Suzana Sucic

GESTALTUNG: Heike Wenger

FOTOS: frechverlag GmbH, 70499 Stuttgart; Frank Bayh und Steff Rosenberger-Ochs (Seite 36/37); Fotostudio Ullrich & Co., Renningen (übrige Fotos)

DRUCK UND BINDUNG: DELO-Tiskarna d.d., Ljubljana

Auflage: 5. 4. 3. 2. 1.
Jahr: 2011 2010 2009 2008 2007 [Letzte Zahlen maßgebend]

ISBN 978-3-7724-5133-1
Best.-Nr. 5133